ÉLÉMENTS

DU CHANT GRÉGORIEN

PARIS. — TYP. ADRIEN LE CLERE, RUE CASSETTE 29.

ÉLÉMENTS

DU CHANT GRÉGORIEN

MÉTHODE SIMPLE ET COMPLÈTE

POUR L'APPRENDRE ET LE BIEN EXÉCUTER

PAR M. ***

MAITRE DE CHAPELLE DE LA CATHÉDRALE DE LAVAL.

> Cantores autem sunt, qui Dei laudatores, repræsentant prædicatores, alios ad Dei laudes excitantes.
>
> (DURAND DE MENDE, II, 2.)

PARIS

LIBRAIRIE ADRIEN LE CLERE ET Cie

IMPRIMEURS DE N. S. P. LE PAPE ET DE L'ARCHEVÊCHÉ DE PARIS,

RUE CASSETTE, 29, PRÈS SAINT-SULPICE.

1859

APPROBATION.

Sur le rapport détaillé et consciencieux qui Nous a été fait, Nous étant convaincu que le livre composé par M.***, Maître de chapelle de notre Église cathédrale, et intitulé : *Éléments du chant Grégorien*, possède toutes les qualités d'un guide excellent pour l'étude et l'exécution du plain-chant,

Nous avons approuvé et approuvons ledit livre, et l'adoptons, à l'exclusion de tout autre, pour nos Séminaires et les autres maisons religieuses de notre diocèse.

Donné à Laval, le 5 février 1859.

† CASIMIR, *Évêque de Laval.*

PRÉFACE.

L'ouvrage que nous offrons à MM. les Ecclésiastiques, aux Chantres, aux Enfants de chœur, à tous ceux, en un mot, qui sont obligés de pratiquer le chant grégorien, est absolument élémentaire. Des faits, des notions simples, présentées le plus clairement possible à des hommes qui sont supposés ne rien connaître encore, voilà ce qu'il contient. Nous n'y avons admis ni dissertations, ni définitions scientifiques, ni rien qui ressentît l'érudition.

Cependant nous espérons que, lorsqu'on aura étudié nos *Éléments*, on connaîtra le chant d'église, et on sera capable de l'exécuter comme il faut. Au point de vue pratique, nous avons tâché d'être complet.

Sauf quelques rares passages que les élèves pourront se borner à lire avec attention, nos articles devront être appris par cœur. Ils résument la doctrine des maîtres. Ce sera dans les ouvrages de ceux-ci (*) ou dans les écrits modernes qui les ont remis en lumière que les professeurs pourront en chercher les développements. Pour la théorie du plain-chant, que nous avons à dessein présentée d'une manière très-succincte, on consultera avec profit : le *Mémoire sur Hucbald,* de M. de Coussemacker; *La science et la pratique du Plain-Chant*, de

(*) Gerbert, abbé de Saint-Blaise, a réuni la plupart des écrits des maîtres anciens, Hucbald, Saint-Oddon, Guy d'Arezzo, etc., sous le titre de *Scriptores de Musica.*

dom Jumilhac; *L'Esthétique, théorie et pratique du Chant Grégorien*, du P. L. Lambillotte, etc. L'accentuation latine exige une étude spéciale de la part des peuples dont la langue usuelle se parle sans inflexions syllabiques. Cette étude était jusqu'ici généralement négligée en France, et la plupart des *Méthodes de Chant* la laissaient entièrement de côté. Nous avons donné sur ce point des notions précises, d'après la *Dissertation sur la psalmodie et les autres parties du Chant Grégorien dans leurs rapports avec l'accentuation latine*, par M. l'abbé Petit, Supérieur du Grand Séminaire de Verdun, ouvrage excellent que nous ne saurions trop engager à étudier.

Destiné surtout à l'enseignement dans les Séminaires, dans les Maîtrises et les Écoles, notre livre doit être considéré comme le texte annexé à la *Méthode pratique en XV Tableaux* (*) publiée

---

(*) Les XV Tableaux, reliés en forme d'atlas, avec titres, avertissement et table. Prix net : 8 »

Chaque Tableau séparément : » 50

par MM. Adrien Le Clere et Cie, avec approbation de Mgr l'Évêque du Puy. Ces tableaux, auxquels nous renverrons toujours pour les exemples et pour la plupart des exercices, présenteront aux yeux l'application de nos préceptes.

ÉLÉMENTS

DU

CHANT GRÉGORIEN.

PREMIÈRE PARTIE.

ARTICLE I.

Notions préliminaires.

1. Le *chant d'église*, *chant grégorien* ou *plain-chant* est écrit avec des signes qu'on appelle *notes*.

2. Ces notes expriment des sons qui forment une suite en montant et se retrouvent à l'inverse en descendant.

3. Monter, en chantant, c'est émettre des sons de plus en plus aigus; descendre, c'est en produire de plus en plus graves.

4. La suite ascendante des notes est : *ut*, *ré*, *mi*, *fa*, *sol*, *la*, *si*, *ut*. (TABLEAU I.) (*).

5. La suite descendante des notes est : *ut*, *si*, *la*, *sol*, *fa*, *mi*, *ré*, *ut*. (*Ibid.*)

6. Cette suite s'appelle *gamme*.

7. On peut commencer une gamme par chacune des notes de la suite ascendante, et on obtient ainsi sept gammes différentes, quoique les notes s'y succèdent invariablement dans le même ordre.

8. Il est très-utile de bien savoir par cœur toutes les

(*) Ces indications : TABLEAU I, TABLEAU II, etc., renvoient à l'ouvrage publié (*in-plano*) par MM. Adrien Le Clere et Cie, imprimeurs-libraires à Paris, sous le titre de *Méthode pratique du Chant grégorien, mise en 11 tableaux*.

gammes ascendantes et descendantes. On devra exiger que les élèves se rendent familier l'exercice suivant :

Gammes ascendantes.	*Gammes descendantes.*
Ut, ré, mi, fa, sol, la, si, ut.	Ut, si, la, sol, fa, mi, ré, ut.
Ré, mi, fa, sol, la, si, ut, ré.	Ré, ut, si, la, sol, fa, mi, ré.
Mi, fa, sol, la, si, ut, ré, mi.	Mi, ré, ut, si, la, sol, fa, mi.
Fa, sol, la, si, ut, ré, mi, fa.	Fa, mi, ré, ut, si, la, sol, fa.
Sol, la, si, ut, ré, mi, fa, sol.	Sol, fa, mi, ré, ut, si, la, sol.
La, si, ut, ré, mi, fa, sol, la.	La, sol, fa, mi, ré, ut, si, la.
Si, ut, ré, mi, fa, sol, la, si.	Si, la, sol, fa, mi, ré, ut, si.

9. Les anciens avaient limité à quinze sons la plus grande étendue que pouvaient parcourir les voix, depuis le *la* grave jusqu'au troisième *la* en montant. Cette suite était ainsi représentée :

A,	B,	C,	D,	E,	F,	G,	a,	b,	c,	d,	e,	f,	g,	aa.
La,	si,	ut,	ré,	mi,	fa,	sol,	la,	si,	ut,	ré,	mi,	fa,	sol,	la.

10. De là vient que l'on désigne quelquefois le ton d'un morceau par une de ces lettres (52).

11. On place les notes sur un système de quatre *lignes* séparées par trois *interlignes*, auquel on donne le nom de *portée* (*). (TABLEAU I.)

12. La plus ou moins grande élévation de la note sur la portée révèle à l'œil la plus ou moins grande élévation du son qu'elle représente.

13. Au commencement de la portée est placé, sur une des lignes, un signe appelé *clef*. Ce signe porte le nom de l'une des notes ; il donne ce nom à toutes celles qui se rencontrent sur la même ligne que lui, et déter-

(*) Dans la notation moderne la portée a cinq lignes et quatre interlignes.

mine ainsi, au-dessus et au-dessous, la place et le nom des autres notes d'après les séries que nous avons données plus haut (8).

14. Il y a dans le chant d'église quatre clefs d'*ut* et deux clefs de *fa*. Les clefs d'*ut* qui se placent sur la troisième et la quatrième ligne, et la clef de *fa* qui se met sur la troisième ligne, sont les plus usitées (*) :

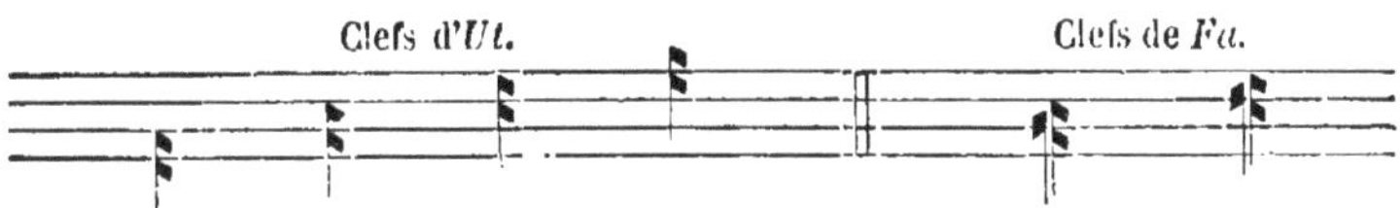

15. Les notes, outre qu'elles représentent un son déterminé par la place qu'elles occupent sur la portée, représentent aussi une durée qui est indiquée par leur forme. Il y en a de longues, de moyennes et de courtes.

16. La note longue s'appelle *double* ■; la moyenne s'appelle *simple, carrée* ou *commune* ■; la courte s'appelle *brève* ♦.

17. La *queue* ajoutée à une note est un signe d'articulation ou d'expression. Elle diminue la durée de la note qui la porte; la note qui suit est toujours une brève ou un *port de voix*.

Tableau des notes et de leurs valeurs (**).

■ carrée.	carrée à queue.	■ / ♦♦ / ■♦ / ■♦	un temps.
■ double.	double à queue.	■ / ■■♦ / ■■♦	deux temps.
♦ brève.	port de voix.		

(*) Outre les quatre clefs d'*ut* qui se placent sur les quatre premières lignes, la notation musicale a aussi la clef de *fa* troisième et quatrième ligne, et la clef de *sol* deuxième ligne; ces deux dernières sont maintenant les plus usitées.

Clefs d'*ut*. Clefs de *fa*. Clefs de *sol*.

(**) Dans la notation moderne la blanche équivaut à la carrée, la

18. On voit dans le tableau ci-dessus qu'une carrée à queue suivie d'une brève ou d'un port de voix ne vaut qu'un temps, comme deux brèves. Mais il existe entre ces deux assemblages de notes une différence sensible. — La carrée à queue suivie d'une brève se place sur les syllabes fortes et accentuées du texte. — Nous parlerons plus loin (103) de ces syllabes. — Bien donc que ce signe ▪ ♦ ne doive généralement pas prendre dans l'exécution plus de temps que celui-ci ♦ ♦, il en diffère en ce que les deux brèves sont égales entre elles et partagent le temps en deux parties de même durée, tandis que l'autre signe implique un appui sur la première partie du temps et un affaiblissement proportionnel de la seconde partie, sur laquelle on passe plus rapidement. Cet effet est mieux traduit dans la notation moderne (♩.♪). — La caudée suivie d'un port de voix se place sur une seule syllabe. Il y a, comme dans le cas précédent, appui sur le commencement du temps, et ensuite passage léger à la note suivante, en glissant avec grâce sur le son indiqué par le port de voix.

19. La mesure du plain-chant, beaucoup moins stricte que celle de la musique, est à un temps, marqué, si l'on veut, par un simple frappé de la main. Nous reviendrons plus tard sur la mesure, et nous indiquerons les infractions qu'autorisent à y faire les convenances de l'expression (93 et suiv.).

20. Le chant est composé de phrases mélodiques qui

---

ronde 𝅝 à la double, la noire ♩ à la brève. La carrée à queue est la noire pointée ♩. qui dans ce cas est suivie d'une croche ♪; la double à queue est la blanche pointée.

𝅗𝅥 / ♩♩ / ♩.♪ / 𝅗𝅥♪	un temps.	𝅝 / 𝅗𝅥.♩ / 𝅝♪	deux temps.

ont entre elles correspondance et symétrie. Leurs coupures sont marquées par des *repos.* (TABLEAU I.) On trouve dans les livres des barres qui traversent seulement les deux lignes du milieu de la portée; elles marquent un silence de la valeur d'une brève environ, une simple respiration. Les barres entières équivalent à une carrée ou un temps. Les grosses barres entières à deux temps. Ces dernières indiquent que le sens du texte aussi bien que le sens musical est complet. On peut donc s'y arrêter plus ou moins dans les chants qui, comme l'Offertoire, par exemple, doivent durer un temps déterminé.

21. La double barre marque : 1° la fin d'un morceau ; 2° la fin d'une intonation ; 3° l'endroit où doit reprendre le chœur dans le chant alternatif ou après un *solo* (*).

22. Le plain-chant emploie deux signes dont l'effet est d'abaisser ou d'élever accidentellement le son des notes qu'ils précèdent. Ce sont le *bémol* (♭), signe abaissant, et le *dièse* (♯), signe haussant (26). Un autre signe, le *bécarre* (♮), rétablit le son naturel de la note précédemment altérée par le dièse ou par le bémol. Ces noms de B carre ou de B mol, viennent de la lettre B affectée à la note *si* dans la notation par lettres (9).

23. A la fin de la portée une demi-note caudée, appelée *guidon,* sert uniquement à indiquer au chanteur quelle note il trouvera la première au commencement de la portée suivante.

(*) Dans la notation musicale, les repos sont marqués ainsi :

ARTICLE II.

Des Intervalles.

24. Les sons des notes sont séparés les uns des autres par un *intervalle*. De *la* à *si*, il y a un intervalle ou un *degré;* de *si* à *ut* il y a aussi un intervalle. — Deux notes placées sur le même degré sont à l'*unisson* l'une de l'autre; il n'y a pas entre elles d'intervalle.

25. Démonstration (*). — Entre *la* et *si*, l'oreille peut percevoir un son intermédiaire qui est marqué par le *si* ♭. Si l'on chante : *la, si, ut,* et ensuite : *la, si* ♭, *la,* on remarque que le *si* n'a pas conservé dans les deux cas le même son. Dans le premier cas, il tendait vers *ut;* dans le second, il tend vers *la*. Dans le premier cas, il y avait de *la* à *si* un ton, de *si* à *ut* un demi-ton; dans le second, il y a de *la* à *si* ♭ un demi-ton, et de *si* ♭ à *ut* un ton. — De *si* à *ut*, il n'y a qu'un demi-ton, car il serait impossible d'abaisser *ut* par le bémol sans qu'il vînt se confondre avec *si*.

Si l'on répète l'expérience avec les notes descendantes : *sol, fa, mi,* on arrivera à reconnaître l'existence du demi-ton par un moyen inverse. En chantant *sol, fa, mi,* puis *sol, fa*♯, *sol,* on remarque que le *fa* change de son. Dans le premier cas il tendait vers *mi;* dans le second il tend vers *sol*. Dans le premier cas, il y

(*) Toute notre première partie est exclusivement théorique, l'élève doit apprendre, mais ne point chanter. Le maître seul, à l'occasion, comme dans cette démonstration, peut donner avec la voix un exemple à l'appui de ce qu'il enseigne. Il peut aussi se servir d'un instrument à cordes ou à clavier.

Nous ne donnons pas notre explication du demi-ton comme rigoureuse, mais comme facile à saisir par l'élève.

avait de *sol* à *fa* un ton et de *fa* à *mi* un demi-ton; dans le second, il y de *sol* à *fa*♯ un demi-ton, et de *fa*♯ à *mi* un ton. — Il serait impossible d'élever *mi* par le dièse sans qu'il se confondît avec *fa naturel.*

26. L'emploi du bémol et du dièse n'est permis dans le plain-chant qu'avec les notes qui ont servi à notre démonstration; le bémol sur le *si*, le dièse sur le *fa*.

27. Il y a dans la gamme deux demi-tons naturels, qui sont entre *mi* et *fa* et entre *si* et *ut*. Toutes les autres notes sont à l'intervalle d'un ton.

ECHELLE DIATONIQUE.

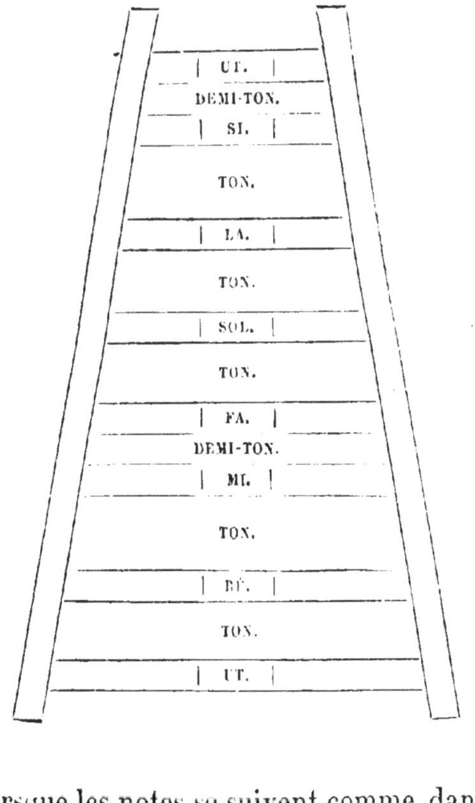

UT.
DEMI-TON.
SI.
TON.
LA.
TON.
SOL.
TON.
FA.
DEMI-TON.
MI.
TON.
RÉ.
TON.
UT.

28. Lorsque les notes se suivent comme dans l'échelle ci-dessus, sans lacune, à distance naturelle de ton et de

demi-ton, on dit que les *intervalles* ou *degrés* sont *conjoints* et qu'il y a suite *diatonique*. Les notes sont alors entre elles à intervalle de *seconde*. (TABLEAU II.)

29. Si les notes laissent entre elles des vides, il y a saut d'une note à l'autre ; les *intervalles* ou *degrés* sont *disjoints*. (*Ibid.* 3, 4.)

30. Les règles du plain-chant ne permettent d'aller par saut que d'une note à la troisième, à la quatrième ou à la cinquième. C'est ce qu'on nomme intervalles de *tierce*, de *quarte*, de *quinte*. Le saut à la sixième note ou *sixte*, à la *septième*, et à la huitième ou *octave*, est interdit (*).

31. Si les deux notes extrêmes de la tierce sont séparées par deux tons, comme *ut, ré, mi*, la *tierce* est *majeure*. Si la distance n'est que d'un ton et demi, comme *ré, mi, fa*, la *tierce* est *mineure*.

32. La *quarte* est *juste* lorsqu'elle se compose de deux tons et un demi-ton, comme : *ut, ré, mi, fa—ré, mi, fa, sol*. Elle est majeure, si elle comprend trois tons, comme *fa, sol, la, si*. Cet intervalle, nommé ordinairement *triton*, est prohibé dans le plain-chant (34). On le ramène à la quarte juste en abaissant le *si* par le bémol ou en haussant le *fa* par le dièse, selon les convenances de la mélodie (**).

33. La *quinte* comprend trois tons et un demi-ton, comme : *ut, ré, mi, fa, sol—ré, mi, fa, sol, la*. Si elle ne

---

(*) L'intervalle de sixte est néanmoins permis quelquefois, mais seulement de *mi* à *ut*, et entre deux phrases bien séparées, comme la fin d'un répons du troisième mode et le commencement du verset, ou bien encore entre deux versets du *Te Deum*. Cette exception est expressément marquée par les anciens, entre autres par Odon de Cluny.

(**) Cette seconde manière ne s'emploie que fort rarement et seulement dans les cas où le *si* ne pourrait être bémolisé sans qu'il s'ensuivît altération de la mélodie.

se composait que de deux tons et deux demi-tons, comme *si, ut, ré, mi, fa*, elle serait dite *mineure*. Cet intervalle établit au grave, entre *si* et *fa*, le même rapport que le triton; il est en conséquence prohibé comme lui. On le fait disparaître par le même moyen.

Intervalles défendus.

Ces passages doivent être corrigés ainsi :

34. Les intervalles interdits ne le sont que lorsqu'ils se produisent d'une manière immédiate et qu'il y a choc direct entre les notes extrêmes. On a remarqué dans l'explication du demi-ton (25) la tendance naturelle de *si* vers *ut* et de *fa* vers *mi*. C'est cette tendance opposée qui rendait le triton insupportable aux anciens. Aussi, lorsque cette tendance est satisfaite par la survenance d'un *ut* près du *si* ou d'un *mi* près du *fa*, l'emploi des signes rectificatifs n'est plus nécessaire. Ainsi l'on dit très-bien :

35. Quelques méthodes posent donc à tort en règle que tout *si* entre deux *la* doit être bémolisé. Il est bien vrai qu'il l'est souvent alors; mais c'est uniquement à cause de quelque *fa* qui se trouve aux environs. Ce serait altérer sans raison le chant que d'introduire le bémol dans des traits comme ceux-ci :

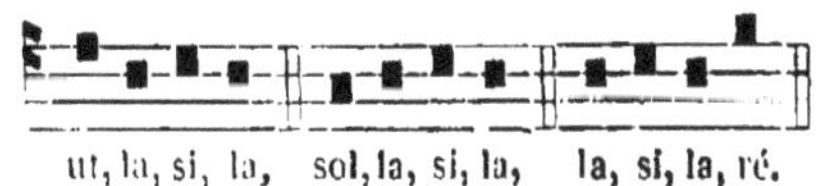

36. Il était utile d'exposer ces notions. Mais aujourd'hui on ne laisse plus aux chantres le soin d'appliquer le ♭ et le ♯. Ces signes sont mis dans les livres aux endroits où ils sont nécessaires. Il ne faut en introduire nulle part ailleurs et se borner à exécuter ce qui est écrit.

ARTICLE III (*).

Théorie du plain-chant.

37. Les règles qui déterminent la composition de la gamme, la place et le rôle que les demi-tons y doivent remplir, les sons et les formes sur lesquels doit insister la mélodie, constituent ce qu'on appelle la *tonalité*.

38. Il y a aujourd'hui deux tonalités entièrement distinctes, la tonalité musicale moderne, et la tonalité diatonique des anciens adoptée par l'Église catholique. C'est cette dernière seulement que nous avons à étudier.

39. La tonalité ecclésiastique admet huit modes ou manières différentes de disposer les notes de la gamme.

40. Chaque mode peut parcourir une suite de huit notes et une note ou deux au plus au-dessus ou au-dessous, sans cesser d'être régulier. C'est ce qu'on nomme son *étendue* ou son *échelle*.

41. Les modes sont caractérisés : 1° par leur étendue ; 2° par la note sur laquelle ils insistent le plus, à laquelle leur mélodie revient le plus souvent ; elle s'appelle *dominante ;* 3° par la note sur laquelle ils vont nécessairement finir, que l'on nomme *finale* ou *tonique*.

(*) On n'attendra pas, pour passer à la deuxième partie, que les élèves sachent toute la théorie qui suit, et qui serait rebutante surtout pour les enfants. Dès que l'élève connaît les signes de notation et les gammes, il peut commencer à solfier. On mène alors de front l'explication des principes et la solmisation, auxquelles se joint un peu plus tard, comme nous le dirons, la vocalisation.

42. Les modes sont de deux sortes : 1° les modes *supérieurs*, qui se nomment aussi *impairs* et *authentiques ;* 2° les modes *inférieurs*, appelés aussi *pairs* ou *plagaux.* (TABLEAU V.)

43. Les modes authentiques ont pour *échelle* les gammes naturelles commençant par *ré, mi, fa* et *sol.*

44. Les modes plagaux dérivent des authentiques. On les forme en transportant au-dessous de la finale les quatre notes supérieures de la gamme du mode authentique.

I. *Ré*, mi, fa, sol, la, si, ut, ré.
II. La, si, ut, *ré*, mi, fa, sol, la.
III. *Mi*, fa, sol, la, si, ut, ré, mi.
IV. Si, ut, ré, *mi*, fa, sol, la, si.
V. *Fa*, sol, la, si, ut, ré, mi, fa.
VI. Ut, ré, mi, *fa*, sol, la, si, ut.
VII. *Sol*, la, si, ut, ré, mi, fa, sol.
VIII. Ré, mi, fa, *sol*, la, si, ut, ré.

45. Les gammes ci-dessus diffèrent toutes les unes des autres quant à la place des demi-tons. Seule la gamme du VIIIe mode ressemble sous ce rapport à celle du Ier ; mais le mode lui-même se distingue de l'autre par sa finale et sa dominante.

46. Le mode authentique et le plagal qui lui correspond ont donc la même finale, qui est la note génératrice du mode. La dominante dans les authentiques est à la quinte ou à la sixte ; dans les plagaux, à la tierce ou à la quarte de la finale.

Tableau des dominantes et des finales.

	Dominantes.	Finales.		Dominantes.	Finales.
I.	La.	Ré.	V.	Ut.	Fa.
II.	Fa.		VI.	La.	
III.	Ut.	Mi.	VII.	Ré.	Sol.
IV.	La.		VIII.	Ut.	

47. On voit résumé dans le tableau suivant tout ce qui constitue les modes. Une note double marque la finale; une note caudée indique la dominante; le signe D. t. désigne les demi-tons; un trait est placé au-dessus des notes transportées de l'aigu au grave pour former les modes plagaux.

Tableau des modes Grégoriens.

Modes authentiques.	Modes plagaux.
1 — D. t. D. t. — *ré* mi fa sol la si ut ré	2 — D. t. D. t. — la si ut *ré* mi fa sol la
3 — D. t. D. t. — *mi* fa sol la si ut ré mi	4 — D. t. D. t. — si ut ré *mi* fa sol la si
5 — D. t. D. t. — *fa* sol la si ut ré mi fa	6 — D. t. D. t. — ut ré mi *fa* sol la si ut
7 — D. t. D. t. — *sol* la si ut ré mi fa sol	8 — D. t. D. t. — ré mi fa *sol* la si ut ré

48. On a autrefois établi des finales sur les notes *la, si, ut*, ce qui donnait trois authentiques de plus, d'où dérivaient trois autres plagaux. Il y avait ainsi en tout quatorze modes.

49. Mais les gammes de ces derniers modes présentaient tant d'analogie avec celles des modes précédents; il en résultait dans les formes mélodiques de telles similitudes, que l'on crut pouvoir réduire le nombre des modes aux huit qui sont généralement admis aujourd'hui. On attribue cette réduction à saint Grégoire le Grand.

Gammes des modes réduits.

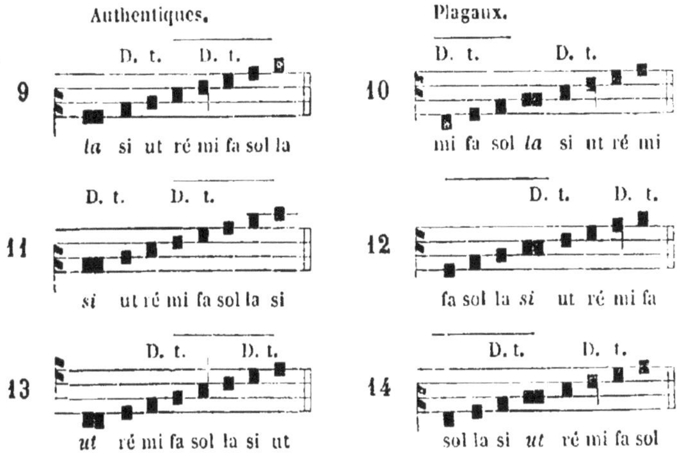

50. Le IXe mode a été réduit au Ier; le Xe au IIe. Les théoriciens enseignent que les XIe et XIIe modes sont impossibles à cause du rapport qui se trouve exister entre *si* leur finale et *fa* leur quinte et leur quarte, rapport prohibé, comme l'on sait (32), et que l'on ne peut faire disparaître ici par le bémol sans changer la constitution de la gamme. On ne trouve dans le Graduel romain aucune pièce du XIe; mais on en rencontre du XIIe qui a été réduit au IVe. Les XIIIe et XIVe modes ont été réduits au Ve et au VIe.

51. Quelquefois cependant les modes que l'on supprimait par la réduction avaient imprimé dans leurs mélodies un cachet tellement particulier, que leur fusion dans un des premiers modes les aurait entièrement défigurés. On les inscrivit alors sous le numéro du mode auquel ils auraient dû être réduits, en les distinguant par l'épithète de *transposés*.

52. On voit que ce nom de *mode transposé*, quoique anciennement en usage, n'est pas absolument exact, puisqu'il n'y a pas là transposition réelle, et qu'il s'agit au contraire de modes qui conservent leur gamme propre. L'expression de *modes conservés* ou celles de Ier et IIe en a ; IVe en ♮, Ve et VIe en c (10), nous sembleraient plus justes, et par conséquent préférables.

53. Comme exemples des *modes transposés* ou *conservés*, on trouvera dans le *Graduel romain* : la Communion du dimanche de la Septuagésime et l'Introït du dimanche dans l'Octave de l'Ascension, qui sont du Ier transposé ou IXe ; le Graduel *Hæc dies,* du jour de Pâques, qui est du IIe transposé ou Xe ; le Répons *Quem vidistis,* des Matines de Noël, qui est du IVe transposé ou XIIe ; l'*Alleluia* de l'Assomption, qui est du Ve transposé ou XIIIe ; l'Introït du XXIIIe dimanche après la Pentecôte, qui est du VIe transposé ou XIVe.

54. C'est à tort que dans certaines pièces modernes on a admis le bémol comme permanent en le plaçant à la clef, tandis qu'il ne doit jamais être qu'un accident. Baisser tous les *si* d'un morceau, c'est établir des rapports nouveaux entre les notes de la gamme, c'est en réalité détruire le mode annoncé et lui en substituer un autre. Tous ces morceaux sont du XIIIe mode et devraient être écrits à la clef d'*ut* quatrième ligne, une quarte plus bas ; les notes alors, sans l'emploi du bémol, se trouveraient à leur place ; ce serait le Ve en c.

55. Lorsqu'un mode franchit les limites de son échelle, et qu'il y a mélange de l'authentique et du plagal qui se correspondent, on dit que le *mode* est *mixte*. Cela a lieu quand l'authentique descend quelques notes au-dessous de sa finale, ou lorsque le plagal s'élève quelques notes au-dessus de la quinte de cette même finale.

DEUXIÈME PARTIE.

ARTICLE I.

Solmisation.

56. On apprend à lire le chant par trois études différentes, qui doivent se succéder l'une à l'autre et sur lesquelles il faut insister beaucoup : 1° *lecture* proprement dite, qui consiste à nommer aisément et sans chanter toutes les notes à toutes les clefs ; 2° *solmisation*, qui consiste à nommer les notes en donnant à chacune le son,—l'*intonation*—qui lui convient absolument, et dans ses rapports avec celles qui la précèdent ou la suivent ; 3° *chant*, qui consiste à placer sous les notes les paroles d'un texte, en conservant aux notes leur son propre comme dans l'étude précédente.

57. Les exercices que nous allons donner serviront successivement aux deux premières études. Pour le chant avec paroles, on aura recours aux *Tableaux* et au *Graduel*.

58. On ne devra admettre un élève à la solmisation que lorsqu'il sera assuré sur la lecture. De même, on ne laissera passer au chant que ceux qui seront devenus imperturbables sur l'intonation. On exigera que l'élève se rende bien compte des intervalles qu'il franchit d'une note à l'autre : demi-ton, ton, tierce, quarte, quinte. On s'attachera dans la solmisation à obtenir une parfaite justesse. Il sera bon dans une classe un peu nombreuse de faire dire un passage par chaque élève individuelle-

ment, puis de le faire répéter par de petits groupes de quatre ou cinq élèves, et enfin par toute la classe en-

EXERCICES.

(*) On fera nommer, dans la lecture sans chant, les notes enfermées entre deux ✝; mais, dans le chant, il serait imprudent de faire parcourir

semble. Ces exercices doivent toujours être faits à demi-voix, afin de ne pas fatiguer l'organe des élèves.

EXERCICES.

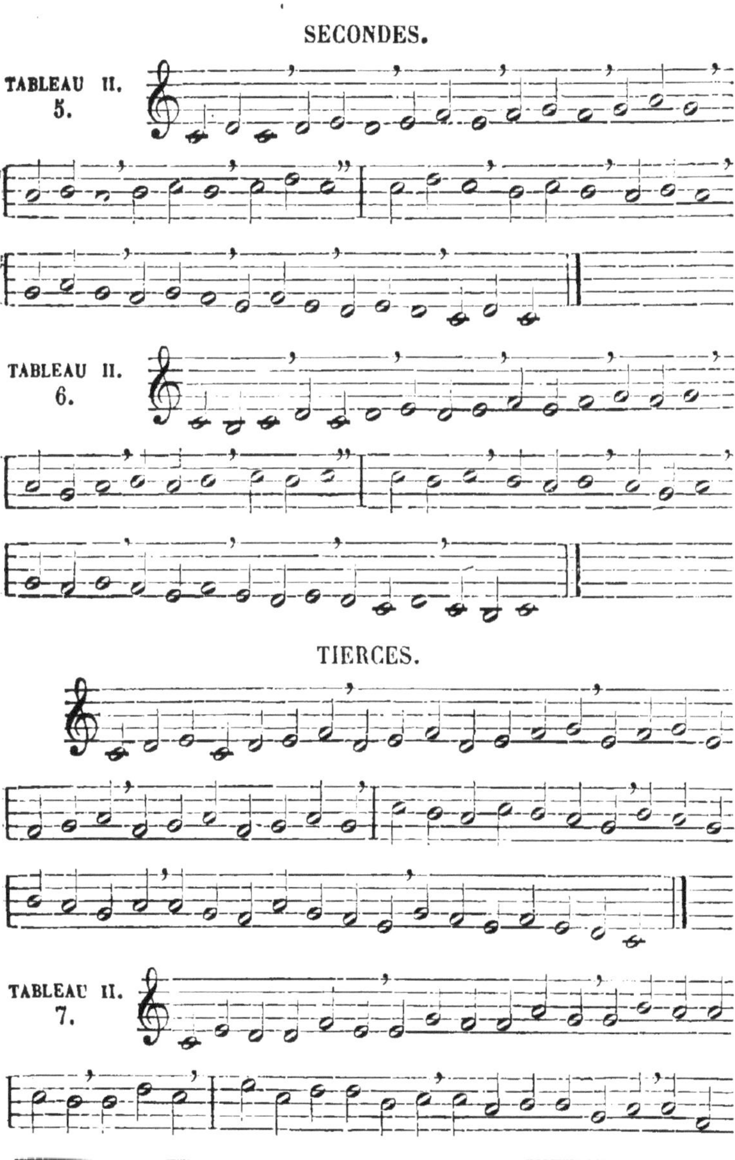

aux enfants plus d'une octave. On omettra dans cet exercice les passages marqués de croix.

TABLEAU II.
4.

QUARTES.

TABLEAU II.
4.

QUARTES.

RÉSUMÉ ET EXERCICES (*)

SUR LES DIFFÉRENTES VALEURS.

TABLEAU II BIS. A B

(*) Les exercices qui suivent sont formés de phrases détachées que l'on doit faire dire séparément à chaque élève et faire répéter ensuite par la masse. Comme il ne s'agit ici que d'un travail de lecture, on a cherché à les choisir de telle sorte qu'elles ne fussent pas facilement apprises par cœur. Lorsque toutes les phrases de chaque exercice auront été parfaite-

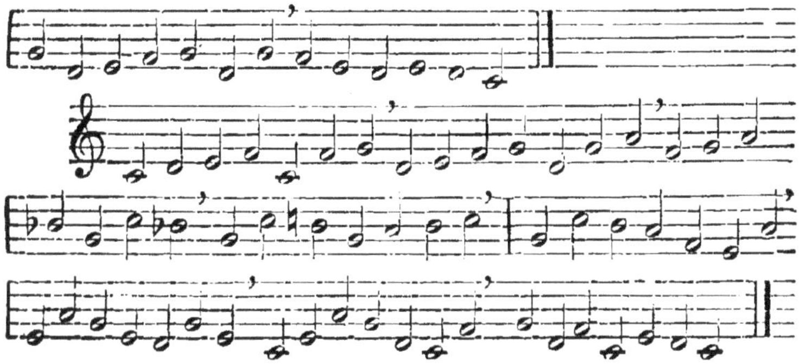

QUINTES.

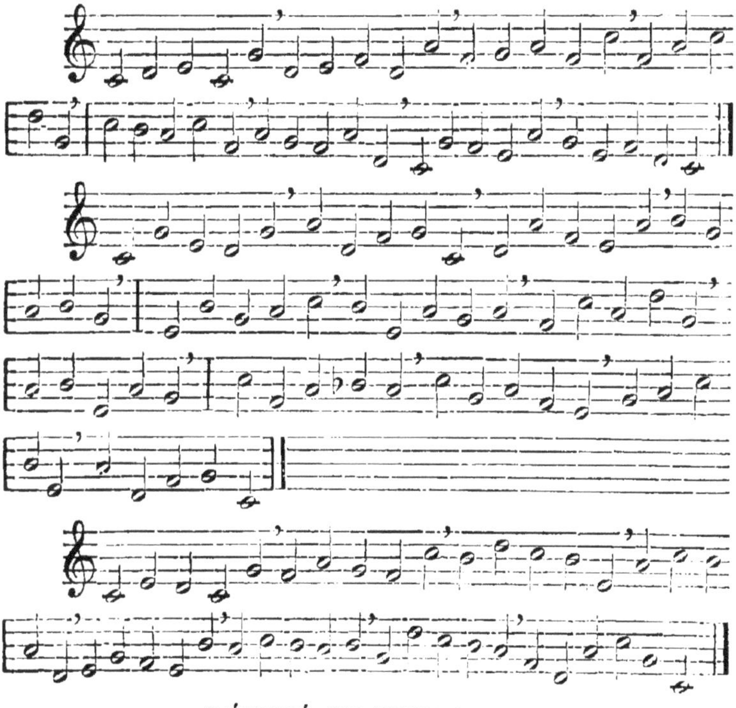

RÉSUMÉ ET EXERCICES

SUR LES DIFFÉRENTES VALEURS.

TABLEAU II BIS.

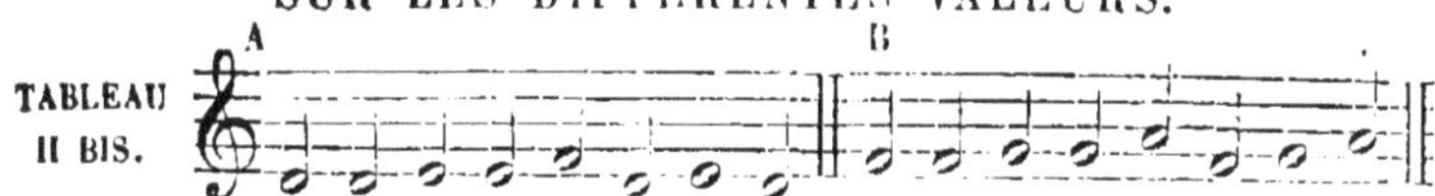

ment lues, on pourra les exécuter toutes ensemble en forme de canon ou de chœur; chaque partie de la classe commençant à une lettre différente. Mais, cela n'étant pas le but principal, il ne faut pas se hâter d'en venir au chant d'ensemble.

C
D
E
A
B
A
B
C
D
A
B
C
D

C
D
E
A
B
A
B
C
D
A
B
C
D

A
B
C
TABLEAU IV.
12.
TABLEAU III.
9.
TABLEAU IV.
13.

A
B
C
TABLEAU IV.
12.
TABLEAU III.
9.
TABLEAU IV.
13.

TABLEAU III.
8.

III ET IV MODE.

V ET VI MODE.

TABLEAU III.
8.

III ET IV MODE.

V ET VI MODE.

59. Dans le chant avec paroles, on veillera à ce que les élèves prononcent bien, point de la gorge, ni du nez, et donnent à chaque voyelle le son qui lui est propre. Pour que les paroles soient entendues, il est nécessaire que les consonnes soient articulées plus fortement que dans le langage ordinaire. Il faut cependant éviter l'affectation.

60. On commencera le chant avec paroles par des morceaux simples et presque syllabiques : les antiennes des Confesseurs, par exemple. Ensuite on chantera les tableaux VI, VII, VIII, IX, X, XI et XII, sans s'occuper encore de l'expression. On y reviendra plus tard pour cet autre exercice.

ARTICLE II.

Vocalisation.

61. L'exercice de vocalisation a pour but de donner à l'organe vocal la sûreté, la souplesse et la puissance qui lui sont nécessaires.

62. Les exercices à employer pour cela sont peu nombreux ; mais ils doivent être très-fréquemment répétés.

63. Pour vocaliser, on ne nomme plus les notes ; on les chante sur la voyelle *a*.

64. A cause de son but même, la vocalisation ne peut être faite simultanément par les masses. Chaque organe, ayant ses défauts et ses tendances particulières, a besoin de soins spéciaux.

65. Sur ce point l'exemple est plus puissant que tous les préceptes. Le maître devra donc vocaliser lui-même d'abord, puis faire répéter par l'élève.

66. Les voix se divisent en *aiguës* et en *graves*. Parmi les aiguës, il y a une voix d'enfants, le *soprano* ou premier dessus, et une voix d'hommes, le *ténor* ou haute-contre. Il y a aussi dans les graves une voix d'enfants, le *contralto* ou deuxième dessus, et une voix d'hommes, la *basse* ou baryton (*).

ÉTENDUE DES VOIX.

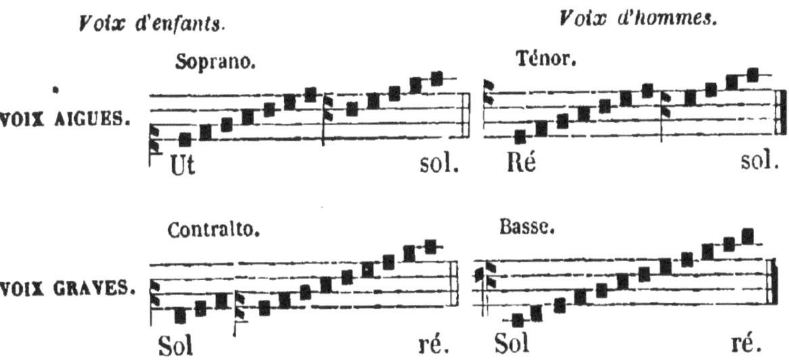

67. On n'oubliera pas dans la vocalisation ni dans le chant que les voix d'enfants ne peuvent atteindre les

(*) Dans le choix des enfants de chœur et des chantres on doit rejeter toutes les voix dures, factices, forcées, ou qui n'atteignent pas au grave ou à l'aigu les limites de l'échelle qu'elles doivent pouvoir parcourir.

A l'époque de la mutation de la voix, c'est-à-dire au moment de sa transformation de voix enfantine en voix d'homme, on cessera tout exercice de chant et de vocalisation.

Les clefs marquent dans l'échelle générale des sons une étendue correspondante à celle de chacun des différents genres de voix (14 et note [*]). On continue à les employer dans la notation carrée; mais, dans la notation musicale, l'usage prévaut d'écrire en clef de *sol* les parties vocales. Alors les voix d'hommes exécutent en réalité une octave au-dessous de ce qui est écrit.

cordes élevées de leur étendue qu'au moyen de voix la de *faucet* ou de tête. Le point de division entre les sons de poitrine et ceux de tête est communément le *si*. On exigera que les enfants opèrent la mutation sur cette note et ne s'efforcent pas de monter en voix de poitrine. On veillera aussi à ce que les élèves attaquent la note sans tâtonnement, avec précision et netteté.

68. On pourra faire commencer les exercices de vocalisation dès que l'élève sera jugé capable de passer de la lecture simple à la solmisation. Dès lors on mènerait de front ces deux études et l'explication de la théorie.

69. On commencera par faire *filer des sons*. Cet exercice se fait en prenant doucement une intonation, en l'augmentant graduellement jusqu'à la plus grande force, puis en diminuant insensiblement. On monte et on descend ainsi la gamme. Le son doit être tenu aussi longtemps que le permet la respiration de l'exécutant.

70. Pour indiquer dans les exercices suivants l'augmentation ou la diminution du son, nous nous servirons de ce signe $<$ $>$ qui les représente aux yeux.

71. Si l'on exerce des voix aiguës, on les fera vocaliser sur la gamme de *fa;* si ce sont des voix graves, sur celle d'*ut*.

72. Après que dans une classe tous les élèves auront été formés par l'enseignement individuel, on pourra, avant de commencer à chanter, faire vocaliser quelques gammes à un ton moyen, par tout l'ensemble.

73. Après avoir filé des sons pendant quelque temps, on passera aux gammes coulées, que l'on fera d'abord lentement, et dont on augmentera la vitesse à mesure que l'organe de l'élève deviendra plus agile.

EXERCICES.

LES MÊMES EN NOTATION MODERNE.

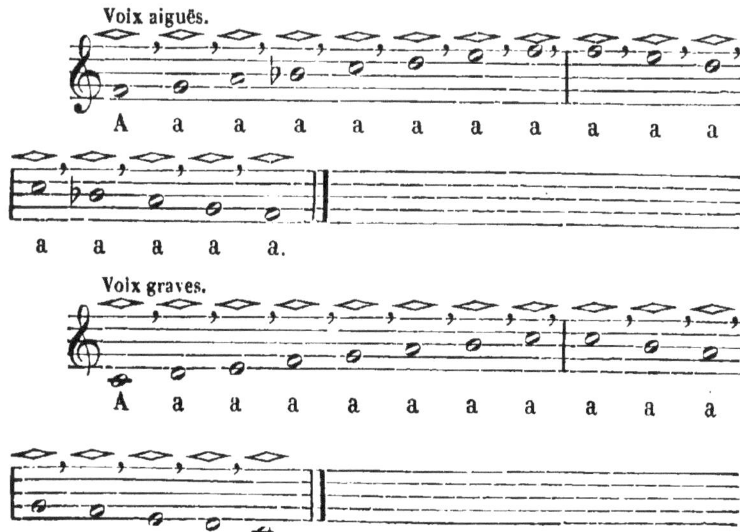

EXERCICES.

VOIX AIGUES.

(*) Les + marquent les endroits où l'on peut respirer, mais dans cet

EXERCICES.

exercice les respirations doivent être extrêmement rapides, en sorte qu'elles soient à peine perceptibles pour l'auditeur.

VOIX GRAVES.

A

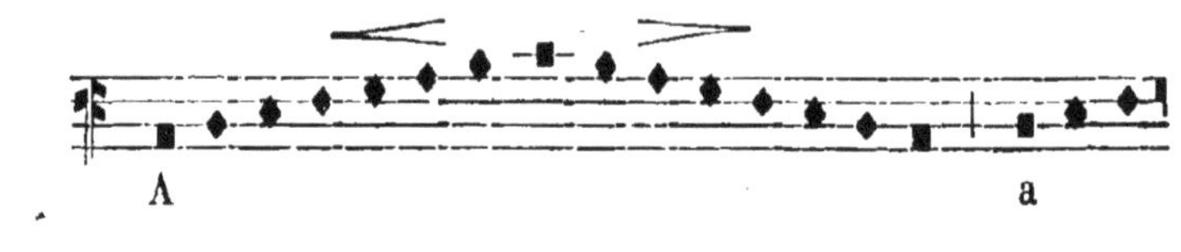

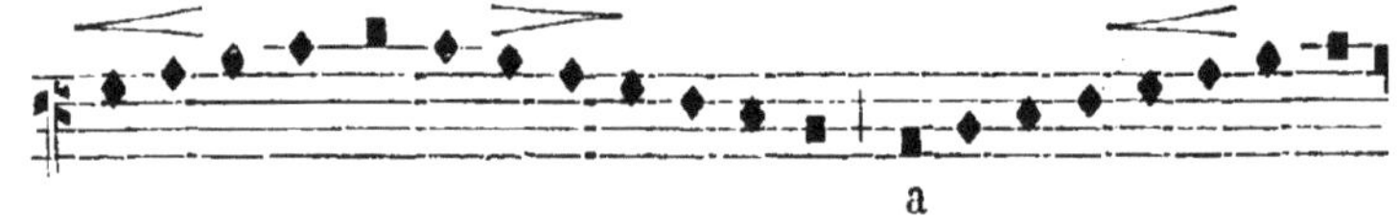

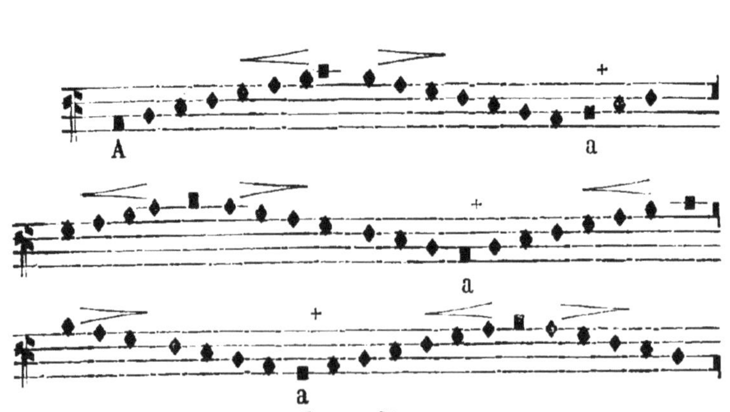

A a

a

a

a a.

A a

a

a

a.

74. Toutes les fois que l'on doit chanter, il est bon de s'y préparer par quelqu'un des exercices précédents. Ils servent à former l'organe ; ils servent aussi à le maintenir. On ne doit les abandonner que lorsqu'on veut cesser de chanter.

75. On pourra vocaliser les exercices qui ont été donnés plus haut pour la solmisation (pag. 16 et suiv.). On y joindra les suivants :

EXERCICES SUR LE PORT DE VOIX.

LES MÊMES EN NOTATION MODERNE.

ARTICLE III.

Exécution.

76. Pour bien exécuter, il faut donner au morceau que l'on chante un mouvement et une expression conformes aux sentiments que renferme son texte.

77. Il ne suffit donc pas, pour rendre convenablement le chant de l'Église, d'en lire la notation avec facilité, il faut encore : 1° connaître les règles qui déterminent le mouvement convenable aux différents chants de l'office; 2° comprendre le texte que la mélodie a pour but de traduire.

78. *Mouvement.* — On appelle *mouvement*, l'allure plus ou moins vive que l'on imprime à la mesure d'une pièce de chant.

79. Le mouvement se règle d'abord d'après le degré de solennité des différentes fêtes. On chante plus gravement aux plus solennelles; mais sans jamais tomber dans une lenteur exagérée qui défigurerait la mélodie.

80. Il est ensuite déterminé par le caractère spécial de chaque morceau.

81. Le *Kyrie,* invocation et supplication, demande un mouvement relativement lent et un accent déprécatoire. — Le *Gloria in excelsis*, hymne angélique, chant d'allégresse et de louanges, veut un mouvement plus vif que

le *Kyrie*; il doit être enlevé avec élan et entrain. — Le *Credo*, ou profession de foi, n'est pas un chant, à proprement parler; c'est une récitation qui doit être unie, mais marquée de l'accent d'une conviction ferme et généreuse. — Le *Sanctus* veut de la majesté; l'*Agnus Dei* veut de la piété.

82. L'*Introït* et l'*Offertoire* doivent être chantés avec ampleur. — Le psaume de l'*Introït* suit le mouvement de la psalmodie, que nous allons bientôt indiquer. — C'est surtout le mouvement imprimé à ces deux morceaux qui caractérise le degré plus ou moins solennel des fêtes. — Le *Graduel*, l'*Alleluia* surtout, se chantent généralement un peu plus vite que l'*Introït* et l'*Offertoire*. — La *Communion*, élan de l'âme après la participation aux saints mystères, doit être empreinte d'une joie calme et recueillie. — Les *Traits*, chant de tristesse, étaient autrefois traînés longuement, comme le demande leur nom; aujourd'hui, afin de ne pas trop prolonger les offices, on les chante un peu rondement.

83. La *Psalmodie*, dont les formes mélodiques sont peu ornées, prend un mouvement plus accéléré que les pièces de l'office du matin, dont le chant est plus riche. — Les *Antiennes* se chantent dans le même mouvement que le psaume qu'elles terminent. Les *chants syllabiques* ou *psalmodiques*, le *Te Deum*, l'invitatoire *Venite*, les *Répons brefs*, etc., suivent aussi le mouvement accéléré (*).

84. Les Répons de l'office nocturne se chantent comme les *Graduels*; — Les *grandes Antiennes* à la sainte Vierge se disent avec onction et gravité.

(*) Nous n'entendons exprimer, par cet adjectif, qu'une allure relativement plus vive, et non rien qui ressemble à une précipitation inconvenante.

85. Tout ce qui est chanté au salut du très-saint Sacrement doit être dit avec une lenteur solennelle, mais sans exagération.

86. Une fois un mouvement adopté, il ne faut point en changer dans le courant du même morceau. Rien ne produirait plus mauvais effet que de rendre une pièce de chant avec gravité dans une partie et rapidité dans une autre, ou de psalmodier vite à droite du chœur et lentement à gauche. Nous indiquerons plus loin les infractions passagères que l'expression autorise à faire à cette règle. Mais toutes les fois qu'on y déroge par ce motif, ce ne doit être que temporairement et à condition de revenir à l'allure première et de la maintenir habituellement du commencement à la fin.

87. Dans tous les morceaux, quels qu'ils soient, et quelque mouvement qu'on leur imprime, il faut toujours observer les repos, en leur donnant une durée en rapport avec le mouvement adopté.

88. La mesure du plain-chant n'a rien de mathématique ni de rigoureux. — Cette mesure est la plus simple, et par conséquent la plus libre de toutes. Elle est l'unité même de la durée, et chaque temps, c'est-à-dire chaque note, peut, dès qu'il en est besoin, subir un allongement ou une diminution. Aidée par une corrélation naturelle, aisée à saisir, entre les caractères de la notation, elle sert à faciliter l'ensemble; mais elle ne peut jamais entraver l'expression.

89. On ne doit jamais faire sentir la mesure en martelant les notes à coups de gosier; on ne sera même pas porté à le faire si l'on s'est exercé comme il faut à la vocalisation. Dans le chant, les sons doivent toujours être

coulés ou liés, et naître les uns des autres sans effort et sans saccades (*).

90. *Expression.* — L'expression consiste à développer à l'occasion une plus grande puissance vocale, à hâter ou à retarder certains passages, dans le but de mieux traduire le texte.

91. L'expression ne peut être convenablement appliquée que par ceux qui comprennent la langue latine. Quiconque est appelé à chanter au chœur, doit se pénétrer d'avance des sentiments qu'il devra faire partager aux fidèles. Les chantres essayeront de suppléer à une connaissance qui leur manque trop généralement, par la lecture attentive d'une traduction.

92. On s'aidera ensuite des notions suivantes.

93. Certaines notes, dans le chant, appellent un accent, un appui de la voix, qui ne peut se faire sans amener une légère prolongation. Ce sont celles qui occupent le point culminant de certains groupes, et auxquelles on arrive, soit par deux ou plusieurs notes conjointes, soit par un saut de tierce.

(*) Il y a loin de la mesure ainsi comprise à cette mesure brutalement exacte que veulent pratiquer quelques prétendus habiles.

Le P. Lambillotte avait dit en 1855 : « Il va sans dire que le mouve- » ment n'est pas pour cela toujours le même; il doit être plus vif selon le » lieu, le mouvement où l'on chante et *selon les sentiments du texte* que » l'on veut exprimer..... » Il s'agit donc d'une *mesure de sentiment plutôt que d'une mesure prise dans un sens rigoureux et mathématique.* (*Quelques mots sur la restauration du Chant Grégorien.*)

Dans la préface du *Graduel*, le P. Dufour, éditeur de l'œuvre du P. Lambillotte, répète (p. XIV) que la mesure du plain-chant est de tout point distincte de celle de la musique. Il dit encore ailleurs : « L'égalité ma- » thématique que l'on obtiendrait au métronome n'est pas nécessaire » pour l'ensemble dans un chant à l'unisson. Or, l'égalité des valeurs » ayant surtout pour but de favoriser l'ensemble, il lui suffit d'une » approximation que la pratique détermine aisément. » (*Mémoire sur les Chants liturgiques*, p. 43.) Si quelqu'un, après cela, fait *marquer le pas* aux mélodies grégoriennes, c'est bien uniquement parce qu'il le veut, et non parce qu'on le lui demande.

EXEMPLES :

94. Dans tous ces traits, la note la plus élevée demande une augmentation de son accompagnée d'un léger rallentissement de la mesure. En même temps la voix, comme empressée d'atteindre à ces sons accentués, se hâte un peu sur les notes précédentes. Ces effets sont plus marqués lorsque la note culminante est une caudée suivie d'un port de voix.

95. Les passages suivants veulent un appui sur les carrées séparées par deux brèves :

96. Ceux-ci veulent au contraire un accent sur la première brève :

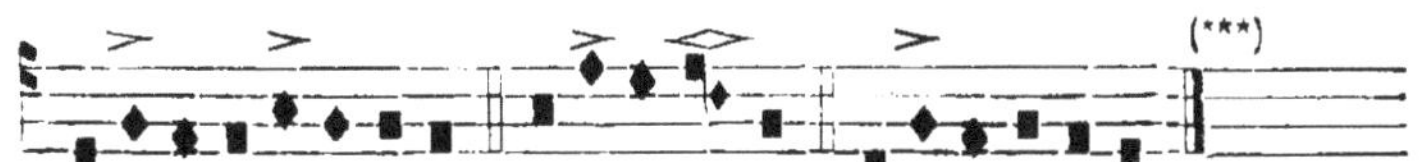

97. Deux notes conjointes et descendantes, placées

(*) On trouvera de nombreuses applications dans les Exercices que nous donnons plus loin.

(**) Voir, comme exercice, ces passages plusieurs fois répétés dans les Traits du Carême et dans les Introïts de l'Epiphanie et de l'Immaculée Conception.

(***) Le premier de ces passages se rencontre dans l'Introït de Pâques; il y a plusieurs exemples du second dans la Communion du IVe Dimanche après Pâques.

seules sur une même syllabe, veulent généralement un appui sur la première.

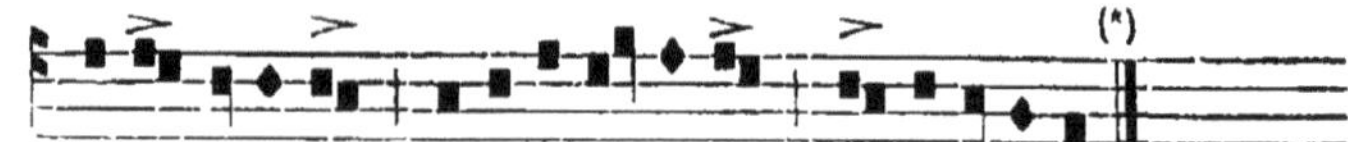

98. Il arrive quelquefois dans une mélodie que le chant devient syllabique et que l'on rencontre quatre, cinq notes, et même davantage sur le même degré. On doit dans ce cas hâter le mouvement sur ces syllabes et reprendre l'allure première lorsque la mélodie recommence.

EXEMPLE.

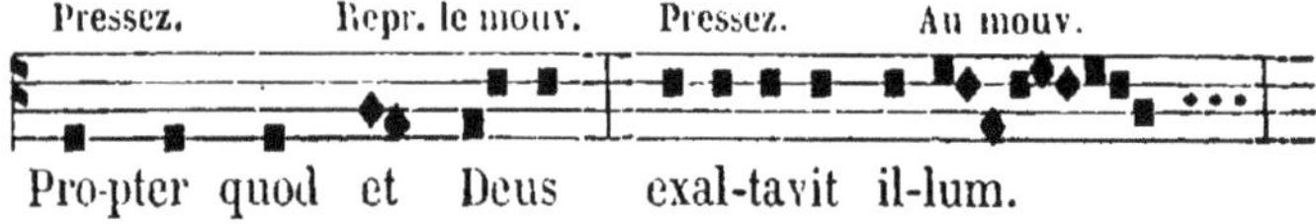

(*) On s'exercera sur l'Antienne *Gratias tibi ago*, à *Magnificat* des premières Vêpres de la Trinité, et sur l'Antienne *Amavit* des secondes Vêpres du Commun d'un Confesseur Pontife.

EXERCICES (**).

TABLEAU VI.
I Mode.

(**) < > indique accentuation, augmentation de son accompagnée d'un léger allongement; F veut dire *fort*; D, *doux*; ral., *ralentissez*; Pr., *pressez*.

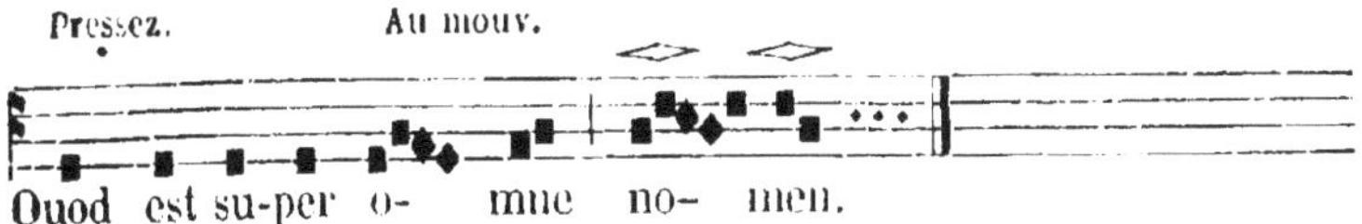

99. L'avant-dernière note de tout morceau doit être doublée, afin de mieux marquer le repos.

100. Tout ce que nous venons de dire sur la manière d'accentuer les mélodies est conforme à l'écriture des anciens manuscrits. Les notes culminantes y portent en effet généralement, dans les groupes du genre de ceux que nous avons cités, un signe relativement plus long que ceux qui le précèdent et le suivent. Il en est de même des pénultièmes de terminaison.

EXERCICES.

TABLEAU VII.
II Mode.

TABLEAU VIII.
III Mode.

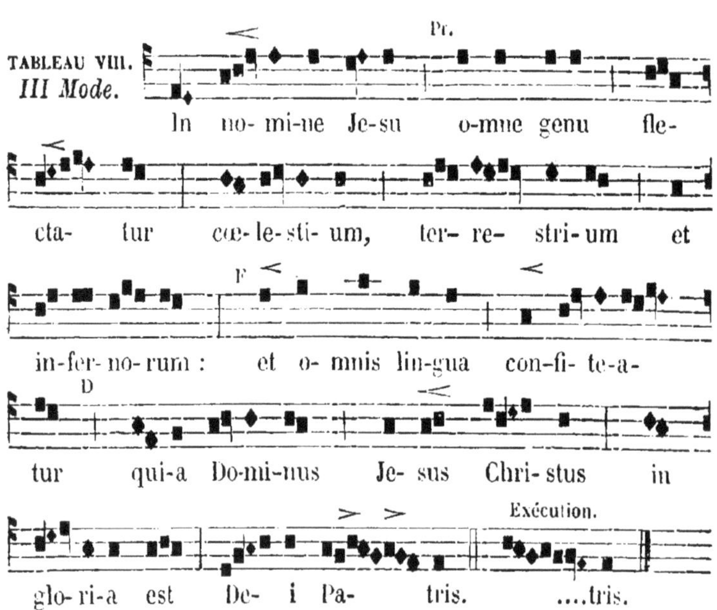

TABLEAU IX.
IV Mode.

II MODE.
Pr.
Ec- ce ad- ve- nit do- mi-na-tor Do-
Pr.
mi-nus : et regnum in ma- nu e-
jus, et po-te- stas, et im-pe- ri-um.
III MODE.
Pr.
In no- mi-ne Je- su o-mne ge-nu fle-
cta- tur cœ- le- sti-um, ter- re- stri-um et
F
in- fer- no- rum : et o-mnis lingua con-fi- te- a-
D
tur qui- a Do- mi-nus Je-sus Chri- stus in
glo- ri- a est De- i Pa- tris.
Exécution.
....tris.
IV MODE.
Al- le- lu- ia.
℣. Lau-da-te, pu-

e- ri, Do- mi- num : lau- da- te no-

men Do- mi-ni.

TABLEAU X.
V Mode.

Ec-ce De- us ad- ju-vat me, et

Do- mi-nus su- sce- ptor est a- ni-mæ me- æ :

F

a-ver-te ma- la i-ni-mi- cis me- is, et in

ve-ri-ta- te tu- a dis- per- de il-los, pro- te-

D.

ctor me- us, Do- mi-ne.

TABLEAU XI.
VI Mode.

Re-qui- em æ- ter- nam do- na e-is,

Do- mi- ne, et lux per- pe- tu- a

lu-ce-at e - is.

TABLEAU XII.
VII Mode.

Di-ri-ga-tur o-ra- ti-o

e-ri, Do- mi-num: lau- da- te no-
meu Do- mi-ni.
V MODE.
Ec-ce De- us ad- ju-vat me, et
Do- minus su- sce- ptor est a- ni-mæ me- æ:
a- ver- te mala i- ni- mi- cis me- is, et in
ve- ri- ta- te tu- a disper-de il- los, pro- te-
D
ctor me- us, Do- mi-ne.
VI MODE.
Re-quiem æ- ter- nam do- na e- is,
Do- mi-ne, et lux per-pe- tu- a
lu- ce- at e- is.
VII MODE.
Di- ri- ga- tur o- ra- ti- o

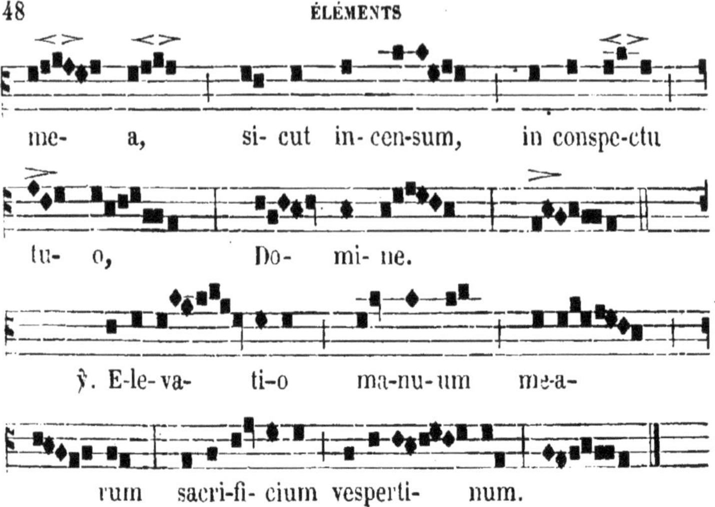

101. Nous rappelons que dans le chant romain les *intonations* qui sont données par une ou deux voix au commencement des antiennes et de la plupart des mor-

ceaux, se chantent telles qu'elles sont écrites. Il n'est point d'usage de les enjoliver de cadences par périélèse ou par diaptose.

TROISIÈME PARTIE.

ARTICLE I.

De l'accentuation.

102. La prononciation de tout ce qui est dit à haute voix au chœur est réglée d'après les principes de l'accentuation latine.

103. Nous ne pouvons développer ici la théorie de l'accentuation; nous en dirons du moins tout ce qui peut être utile dans la pratique.

104. Les règles de l'accentuation diffèrent de celles de la prosodie. Celle-ci divise toutes les syllabes en longues et en brèves; l'accentuation n'établit qu'une seule syllabe forte dans chaque mot.

105. La syllabe forte est marquée dans les livres par un accent aigu.

106. L'accent indique un appui sur la syllabe qui le porte. Il fait ressortir cette syllabe, mais il n'exige ni prolongement sensible ni élévation de la voix.

107. Les mots, en ce qui concerne l'accentuation, sont considérés d'après le nombre de syllabes qui les compose. Ainsi, il y a des mots :

1° D'une syllabe. — Monosyllabes.

2° De deux syllabes. — Disyllabes.

3° De trois syllabes. — Trisyllabes.

4° De plus de trois syllabes. — Polysyllabes.

108. *Monosyllabes.* — 1° Les monosyllabes déclinables *me*, *te*, *se*, *nos*, *vos*, etc., et aussi *sum*, *es*, *est*, etc., sont forts par leur nature. — 2° Les monosyllabes indéclinables, prépositions, conjonctions, adverbes : *a*, *ab*, *ad*, *e*, *ex*, *in*, *ob*, *per*, *pro*, *sub*, etc.; *et*, *ac*, *at*, *sed*, etc.; *jam*, *mox*, *nunc*, *hic*, etc., sont accentués s'ils sont placés après le mot qu'ils régissent. — S'ils précèdent ce mot, ils sont faibles : *ad té*, *per vós*, *et núnc*, etc. C'est donc à tort que quelques théoriciens enseignent qu'il faut assimiler deux monosyllabes consécutifs à un mot de deux syllabes, et placer l'accent sur le premier.

109. *Disyllabes.* — Tout mot de deux syllabes, quelle que soit sa quantité prosodique, a la première accentuée et la seconde faible. Cette règle est tellement générale qu'on se dispense de marquer l'accent sur cette espèce de mots. Il n'y a d'exception que pour les mots hébreux indéclinables, qui portent l'accent sur la dernière syllabe.

110. *Trisyllabes.*—Dans les mots de trois syllabes, ou bien l'avant-dernière est longue prosodiquement, alors elle conserve l'accent; ou bien elle est brève, et l'accent est avancé sur l'antépénultième : *Dóminus*, *réspicit*, *éripe*. La syllabe qui suit l'accent dans ce cas se nomme *superflue* ou *survenante*.

111. *Polysyllabes.* — Ils suivent la même règle que les trisyllabes. L'accent ne pouvant exister que sur une seule syllabe dans chaque mot, et ne devant pas être placé ailleurs que sur la pénultième ou l'antépénultième, les syllabes qui le précèdent sont toutes communes.

112. L'accent diminue toujours à son profit la durée de la syllabe qui le suit immédiatement. C'est ce qui fait que la dernière syllabe des mots est souvent affaiblie.

113. Mais cette syllabe conserve sa valeur propre et demeure commune lorsque, l'accent ayant été avancé à l'antépénultième (**110**), elle se trouve séparée de la syllabe forte par une brève qui supporte cet effet d'affaiblissement :

114. C'est à tort que l'on a fait, dans certaines méthodes, une règle générale de l'abréviation de toute syllabe finale précédant un monosyllabe.

115. On n'écrit jamais l'accent sur *æ, œ, y;* si donc on rencontre un mot sur lequel ne soit écrit aucun accent, et que l'une de ces lettres soit à la pénultième syllabe, c'est cette syllabe même qui est forte; si elles sont à l'antépénultième, c'est l'antépénultième qui est accentuée, et la syllabe qui la suit est survenante.

116. Ces règles sont communes à la lecture accentuée, dont nous allons parler maintenant, et à la psalmodie, dont nous traiterons ensuite.

Lecture accentuée.

117. On comprend sous le nom de lecture accentuée tout ce qui se prononce à haute voix au chœur, sans chanter : Oraison, Épître, Évangile, Leçons, etc.

118. La lecture de l'Oraison est *fériale* ou *festivale.*

ORAISONS. — TON FESTIVAL.

AUTRE CONCLUSION.

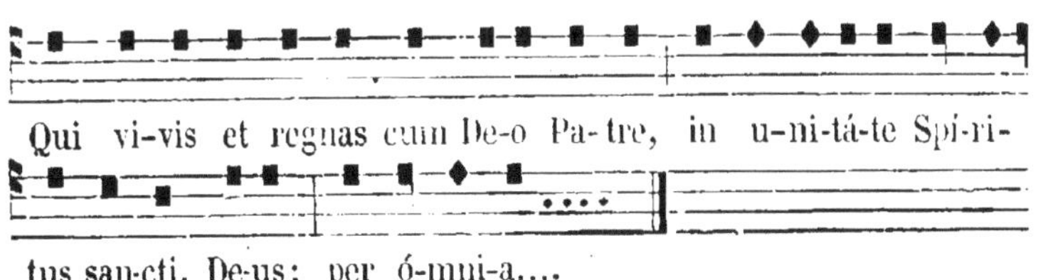

119. Le ton férial s'emploie dans les féries et aux offices des morts. Il consiste à lire *recto tono*, en marquant seulement par une accentuation plus sensible la syllabe qui prépare les pauses.

(*) Le *Dominus vobiscum* se chante toujours ainsi, *recto tono*, sans chute de tierce.

ÉPITRE.

120. L'épître se lit tout entière *recto tono*, en observant les règles de l'accentuation, et en faisant sentir la pénultième des pauses. Les phrases interrogatives font seules exception, elles se lisent ainsi :

121. La lecture de l'évangile ne diffère de celle de l'épître qu'en ce qu'une chute de tierce y annonce et y prépare la fin des phrases.

122. L'évangile se lit ensuite *recto tono*, comme l'épître, avec les mêmes inflexions interrogatives. Il se termine ainsi :

Et vi-tam æ-tér- nam pos-si- dé- bit.
In re- gno cœ- ló-rum.
In u- ni-vér-sam terram il-lam.

123. L'abaissement dans ce dernier cas se fait toujours sur une syllabe accentuée.

CAPITULE.

124. Il se chante *recto tono*, sauf les inflexions interrogatives. Le dernier mot reçoit la cadence suivante :

125. Si le dernier mot est un monosyllabe ou un mot hébreu, la cadence est celle-ci :

LEÇONS.

126. Elles se disent *recto tono* avec une chute de quinte à la fin de chaque phrase. Si la phrase se termine par un monosyllabe ou un mot hébreu, la voix se relève après une chute de tierce. Le *Tu autem Domine* subit une petite déviation.

ABSOLUTION, BÉNÉDICTION, ETC.

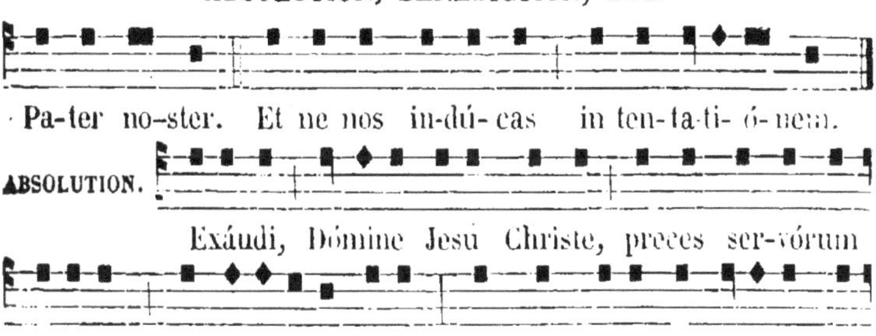

127. Les leçons des trois derniers jours de la Semaine sainte et de l'Office des morts n'ont point le *Tu autem*. Elles se concluent ainsi :

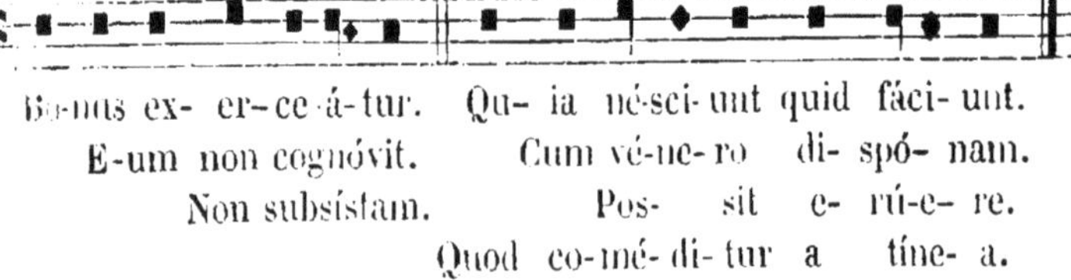

128. Les prophéties se chantent absolument comme les leçons, à la seule exception que leur dernière phrase se termine sur la teneur, sans chute de quinte.

129. Le *Tu autem Domine* s'omet à l'office des morts et pendant les trois derniers jours de la Semaine sainte. Les leçons alors se terminent ainsi :

133. Les versets neumés se chantent après les hymnes des Vêpres et de Laudes, et à chaque nocturne des Matines des fêtes solennelles. —Les petits versets servent aux petites Heures et pour les commémoraisons (*).

(*) Pour tous les tons des oraisons, épître, évangile, etc., nous avons suivi le *Directorium chori* de Guidetti, publié par ordre du pape Grégoire XIII.

134. VERSET *BENEDICAMUS DOMINO.*

AUX FÊTES SOLENNELLES.

Aux premières Vêpres.

AUX FÊTES DOUBLES.

Aux premières Vêpres.

LES DIMANCHES PENDANT L'ANNÉE ET AUX SEMI-DOUBLES.

II MODE.

Be- nedi-camus Do- mino.
De- o gra- ti-as.

AU TEMPS PASCAL.

(Depuis le Samedi saint jusqu'au Samedi de Quasimodo.)

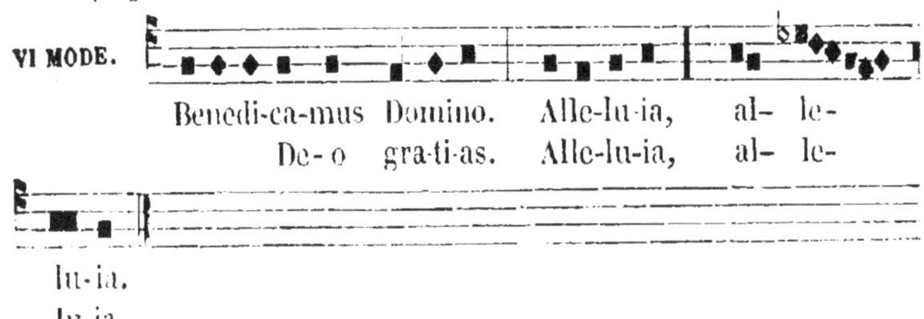

AUX FÊTES DE LA SAINTE VIERGE.

A LA FIN DES PETITES HEURES ET DE COMPLIES.

135. BÉNÉDICTION PONTIFICALE.

136. Le chant de la Confession des Péchés pour la Bénédiction pontificale, des Préfaces, de l'Oraison dominicale, des Passions, des Généalogies, de l'*Exultet*, de l'annonce des fêtes de l'année qui se fait le jour de

l'Épiphanie, présente comme une transition entre la simple lecture et le chant proprement dit. Dans tous ces morceaux la mélodie paraît plus ou moins, cependant elle ne se développe pas encore. Nous donnerons seulement ici le *Confiteor* et l'annonce des fêtes, que l'on ne trouve pas notés dans les Missels.

CONFESSION.

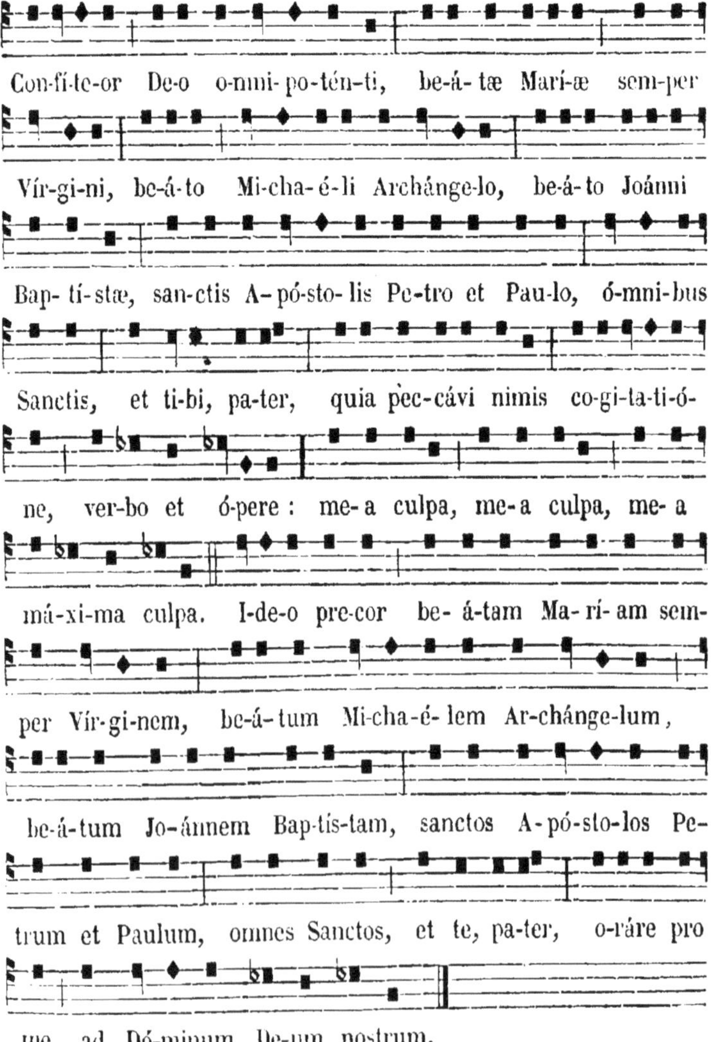

ANNONCE DES FÊTES.

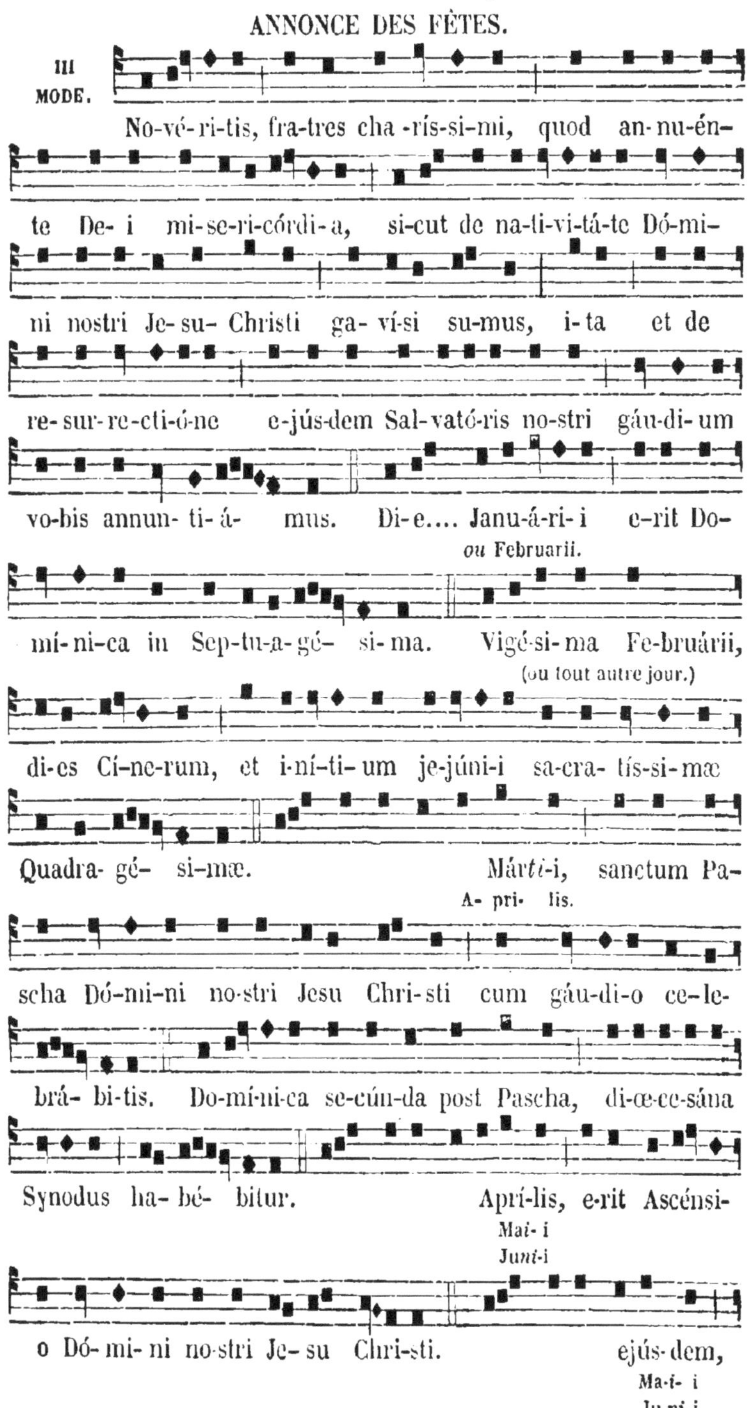

ARTICLE II.

Psalmodie.

137. On donne le nom de *psalmodie* au chant des psaumes et des cantiques de l'Église.

138. Les psaumes sont divisés en versets, coupés par un repos que les livres indiquent au moyen d'un astérisque.

139. Les exécutants, divisés en deux chœurs, chantent alternativement ces versets sur des formules mélodiques simples, appartenant aux différents modes.

140. Chaque psaume est accompagné d'une antienne qui en est comme le résumé. C'est le mode de cette antienne qui détermine le mode du psaume.

141. La formule par laquelle se termine la psalmodie doit être telle qu'en la quittant on passe sans difficulté au chant de l'antienne. Il ne faut, pour ce motif, jamais chanter un psaume sur un mode autre que celui de son antienne ; il ne faut même pas lui donner une terminaison qui ne conviendrait pas au début de cette antienne.

142. Les livres indiquent toujours la terminaison convenable ; on doit s'y conformer. Cette indication des livres est donnée sur les voyelles du *Sæculorum. Amen*, par lequel tout psaume finit. C'est de là que vient à ces formules le nom d'*e u o u a e*.

143. La psalmodie est *fériale* ou *festivale*. (TABLEAU XIII.)

144. La *psalmodie festivale* commence au premier verset par une courte formule que l'on appelle *intonation*. L'intonation conduit à la *corde chorale* ou *teneur*, qui est la dominante même du mode. A l'astérisque la teneur est interrompue par une forme mélodique nommée *médiation*. Après la médiation, le chant reprend sur la teneur, et le verset s'achève sur une dernière formule qui porte le nom de *terminaison*. — Les autres versets prennent à la teneur sans intonation.

145. La *psalmodie fériale* prend dès le premier verset à la teneur ; c'est là tout ce qui la distingue. On l'emploie aux petites Heures (*), à l'Office des morts et pendant les trois derniers jours de la Semaine sainte.

146. On remarquera, au tableau des formules psalmodiques suivant, que, dans une partie des intonations, médiations et terminaisons, le chant demeure absolument syllabique ; mais que dans d'autres on rencontre deux notes liées sur une seule syllabe. Il est interdit de désunir ces deux notes pour les placer sur deux syllabes différentes, et d'introduire deux notes liées dans les formules qui ne les ont pas.

(*) Excepté à Tierce du jour de la Pentecôte.

TABLEAU

DES FORMULES PSALMODIQUES.

Ier MODE.

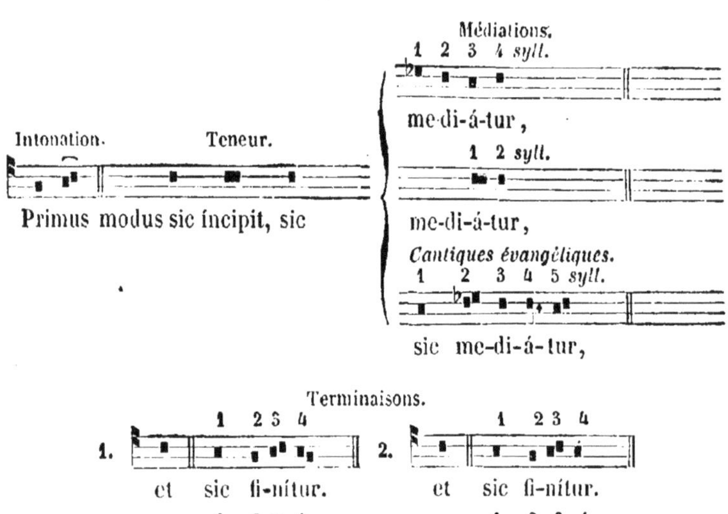

IIe MODE.

IIIe MODE.

IVe MODE.

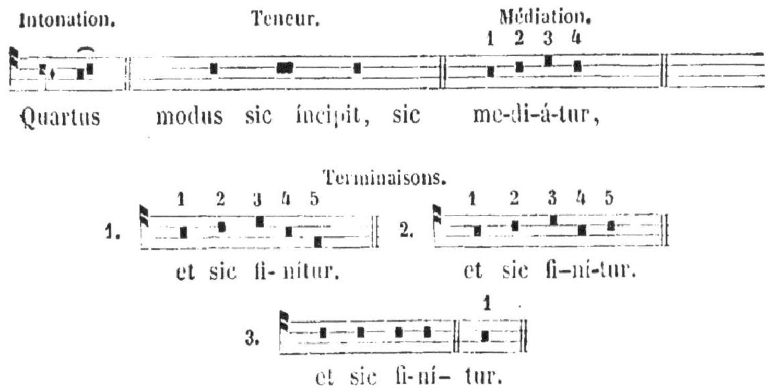

Ve MODE.

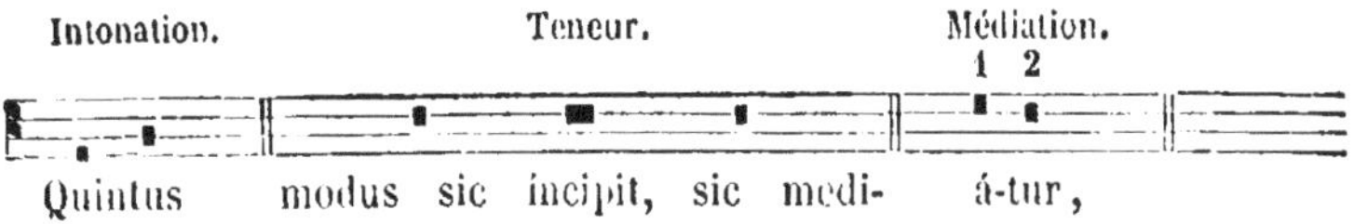

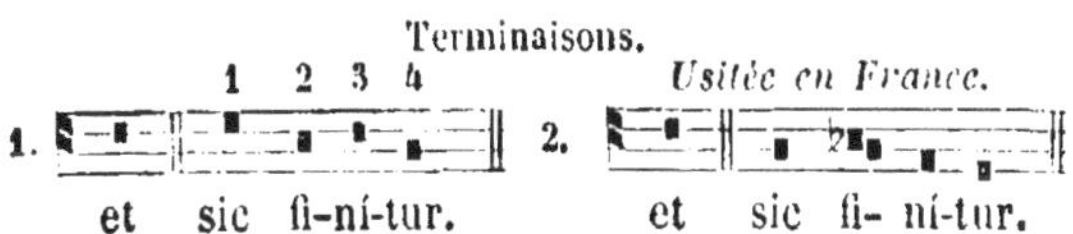

VIe MODE.

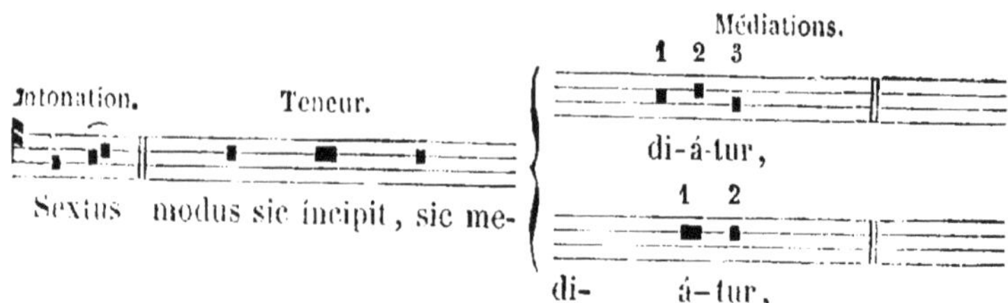

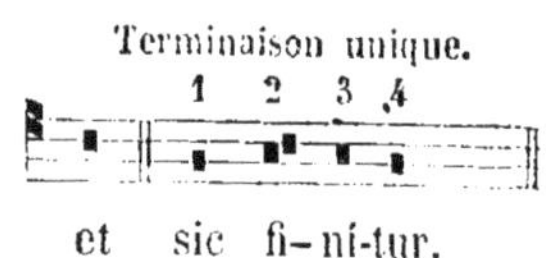

Formule moderne.

VIIe MODE.

VIIIe MODE.

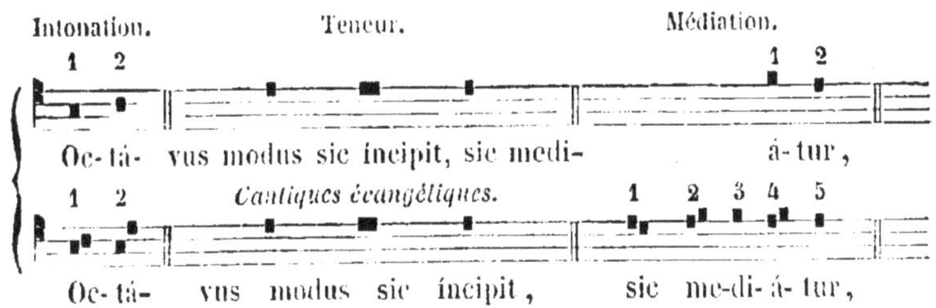

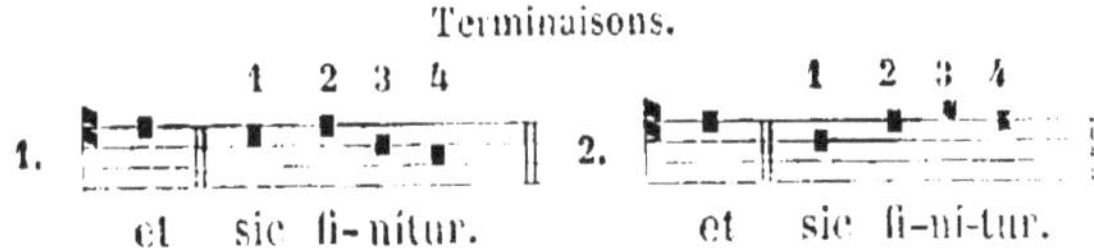

VIIIe MODE IRRÉGULIER (*Ton des Pèlerins*).

1er Verset.

Autres Versets.

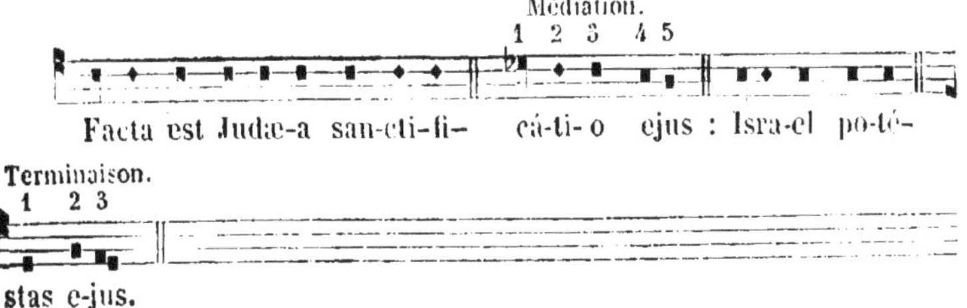

147. *Intonations.* — L'obligation d'obéir aux lois de l'accentuation ne suscite aucune difficulté dans les intonations qui n'ont pas deux notes liées. On chante :

148. Mais si la formule contient des notes liées, et que ces notes tombent sur une syllabe brève, on est obligé d'adopter la modification suivante :

149. En quittant la teneur pour entrer dans les formules de médiation ou de terminaison, la voix s'élève ou s'abaisse d'un ou de plusieurs degrés ; c'est ce qu'on appelle *déviation*. Il y a, comme on le voit, *déviation par élévation* et *déviation par abaissement*.

150. Deux lois d'une importance à peu près égale se trouvent ici en présence et souvent en contradiction : obligation de faire ressortir l'accent, défense d'altérer la phrase mélodique. L'art du psalteur consiste à obéir en même temps à ces deux lois et à les faire accorder autant qu'il le peut. Dans le cas d'impossibilité absolue, c'est l'intérêt mélodique qui prévaut, et l'accent doit momentanément céder.

151. Toutes les fois que la voix dévie en s'élevant, la note de l'élévation doit porter sur une syllabe accentuée (**104** et suiv.). Une brève ou la syllabe finale d'un mot ne lui suffirait pas. Si donc une syllabe de ce genre tombe sous la note de l'élévation, on l'évite en avançant la déviation d'une, de deux, et même de trois syllabes. Cette *anticipation* pourra amener une, deux et même trois survenantes; mais jamais deux survenantes de suite. Dans *In splendóribus sanctórum*, l'élévation ne peut se placer sur la syllabe *bus*, dernière du mot ; en anticipant d'une syllabe, on rencontre *ri* qui est bref; il faut donc avancer la déviation jusqu'à *dó*, et alors il y a deux survenantes : *ri* par nature et *sanc* par circonstance.

152. La nécessité d'éviter deux survenantes consécutives fait qu'il est permis, par exception, d'élever sur une des premières syllabes des *longs composés : misericórdia, mirabília*, et sur les indéclinables qui forment dans la prononciation un *quasi-composé* avec le mot suivant, comme *ad*, *in*, *ex*, *de, non,* etc. : *in occúlto.*

153. Les déviations par élévation donnent seules lieu à l'anticipation. Les déviations par abaissement se font sur toute syllabe accentuée ou non, et même sur une brève.

154. On trouvera un peu plus bas de nombreuses applications de ces principes.

155. *Médiations.* — Les médiations se composent de deux, de trois ou de quatre syllabes essentielles.

156. Dans les médiations de deux syllabes (IIe, Ve et VIIIe modes) la déviation est toujours par élévation.

Elle doit en conséquence s'effectuer sur une syllabe accentuée, qui est la pénultième du mot, ou l'antépénultième si la pénultième est brève (**110**). Cette pénultième, qui est alors une survenante, se chante sur le degré de la note qui la suit.

157. Il n'y a qu'une médiation de trois syllabes (VIe m.) Elle dévie par abaissement sur une syllabe quelconque ; mais la pénultième qui doit préparer le repos ne peut être qu'une forte, ou au moins une commune.

158. Les médiations de quatre syllabes doivent contenir deux syllabes accentuées, lorsque la déviation se fait par élévation, cas le plus ordinaire (Ier, IIIe, VIIe m.). Ces syllabes sont la première et la troisième ou pénultième. Lorsque la déviation se fait par abaissement (IVe), il suffit d'une syllabe forte, qui est l'avant-dernière.

159. Le tableau suivant présente une grande quantité d'exemples de déviation par élévation amenant les différentes particularités de l'anticipation. Nous y avons réuni tous les passages de tous les psaumes des Vêpres qui auraient pu sembler embarrassants. Une étude attentive de ce tableau mettra à même non-seulement de

chanter correctement cette partie de l'office, mais aussi de résoudre facilement toutes les difficultés qui se rencontreraient ailleurs. Nos exemples sont présentés sous la formule du VIIe mode; mais ils conviennent également à celles du Ier et du IIIe (*).

(*Dixit.*)		Dó-	mi-	nus	ex	Si-		on.
	in splen-	dó-	ri-	bus	san-	ctó-		rum.
	im-	plé-		bit	ru-	í-		nas.
	Glória	Pa-		tri	et	Fí-	li-	o.
(*Confitebor.*)		ó-	pe-	ra		Dó-	mi-	ni.
	in	sæ-	cu-	lum		sæ-	cu-	li.
	faci-	én-	ti-	bus		e-		um.
(*Beatus vir.*)	suos	in		ju-		dí-	ci-	o.
(*Laudate, pueri.*)		pú-	e-	ri,		Dó-	mi-	num.
		sté-	ri-	lem	in	do-		mo.
(*Credidi, propter.*)		quod		lo-		cú-	tus	sum.
	Quid re-	trí-	bu-	am		Dó-	mi-	no.
	salu-	tá-		ris	ac-	cí-	pi-	am.
(*Beati omnes.*)	Sicut	vi-		tis	a-	bún-		dans.
	fili-	ó-		rum	tu-	ó-		rum.
	Je-	rú-	sa-	lem		Dó-	mi-	num.
	por-	tá-		rum	tu-	á-		rum.
		si-		cut	buc-	cél-		las.
	omni	na-		ti-		ó-		ni.
(*Lætatus sum.*)	In his quæ	di-	cta	sunt		mi-		hi.
	ædifi-	cá-		tur	ut	cí-	vi-	tas.
(*Nisi Dominus.*)	In	ma-		nu	po-	tén-		tis.
		su-		um	ex	ip-		sis.
(*Laudate Dom.*)	Miseri-	cór-	di-	a		e-		jus.
(*In convertendo*).		gáu-	di-	o	os	nos-		trum.
		fá-	ce-	re	no-	bis-		cum.
	Qui	sé-	mi-	nant	in	lá-	cry-	mis.
(*Domine, probasti.*)		me-		as	de	lon-		ge.
		præ-		vi-		dí-		sti.
		et		an-		tí-		qua.
	in	cœ-		lum,	tu	il-	lic	es.
		tu-		a	de-	dú-	cet	me.
	il-	lu-		mi-		ná-	bi-	tur.

(*) Nous indiquons ici par des notes caudées les syllabes essentielles; les brèves sont placées sur les survenantes (110, 131).

	mag-	ni-		fi-		cá-	tus	es.
		in		oc-		cúl-		to.
		om-		nes	scri-	bén-		tur.
	multi-	pli-		ca-		bún-		tur.
		pec-		ca-		tó-		res.
		Dó-	mi-	ne,		ó-	de-	ram.
	et	sci-	to	cor		me-		um.
(*Memento*).	indu-	án-		tur	ju-	stí-	ti-	am.
		us-		que	in	sæ-	cu-	lum.

160. Lorsque la médiation finit par un monosyllabe ou par un mot hébreu non décliné, l'accent qui se trouve alors sur la dernière syllabe s'oppose à ce que la voix redescende pour achever la formule mélodique. Ceci arrive dans les IIe, IVe, Ve et VIIIe modes, dont la médiation régulière finit en baissant d'un degré.

161. Il y a dans ce cas *médiation interrompue ;* la formule mélodique demeure suspendue et incomplète.

162. *Terminaisons.* — Elles sont soumises aux mêmes règles que les médiations.

163. Nous continuons à suppléer par de nombreux exemples à un plus long exposé des principes.

TERMINAISONS DE 4 SYLLABES. — DÉVIATION PAR ÉLÉVATION.

Ve et VIIe pour toutes ses terminaisons.

	inimi-	có-		rum	tu-	ó-		rum.
	(*)	gé-	nu-			i		te.
		ór-	di-	nem	Mel-	chí-	se-	dech.
		ter-		ra	mul-	tó-		rum.
(*Confitebor.*)	In	sæ-	cu-	lum		sæ-	cu-	li.
		ti-		mén-	ti-	bus		se.
	véritas	et		ju-		dí-	ci-	um.
(*Beatus vir.*)	mise-	rá-		tor	et	jus-		tus.
	non	com-		mo-		vé-	bi-	tur.
	exal-	tá-	bi-	tur	in	gló-	ri-	a.
	pecca-	tó-		rum	pe-	rí-		bit.
(*Laudate, pueri.*)		pú-	e-	ri,		Dó-	mi-	num.
		us-		que	in	sæ-	cu-	lum.
		é-	ri-	gens		páu-	pe-	rem.
	fili-	ó-		rum	læ-	tán-		tem.
(*Credidi.*)	humili-	á-	tus	sum		ni-		mis.
	in médio	tu-		i,	Je-	rú-	sa-	lem.
(*Lauda, Jerusalem.*)		sá-	ti-			at		te.
		su-		sti-		né-		bit.
(*Lætatus sum.*)		Dó-	mi-	ni		í-	bi-	mus.
		tu-		is,	Je-	rú-	sa-	lem.
		nó-	mi-	ni		Dó-	mi-	ni.
	di-	li-		gén-	ti-	bus		te.
(*Nisi Dominus.*)	æ-	dí-	fi-	cant		e-		am.
		pa-		nem	do-	ló-		ris.
		su-		is	in	por-		ta.
(*In convertendo.*)		fá-	ce-	re	cum	e-		is.
	facti	su-		mus	læ-	tán-		tes.
		tor-		rens	in	au-		stro.
(*Domine, probasti.*)	non	pó-	te-	ro	ad	e-		am.
	et	ne-		mo	in	e-		is.
	princi-	pá-		tus	e-	ó-		rum.
	et	ad-	huc	sum		te-		cum.
		fa-	cti	sunt		mi-		hi.
	in	vi-		a	æ-	tér-		na.
	sancti	t'		i	ex-	súl-		tent.

(*) On remarquera ici … tion. La pénultième brève de *génui* est comptée comme une … essentielles. La nécessité de ne pas altérer la mélodie en él… *luciferum* autorise cette exception. Il en est de même de … *pe me, libera me*, etc, dont on ne doit jamais abréger l… be, qui est commune, ni allonger la pénultième, qui est brève. … coup de lieux cependant on chante contrairement à toute règle : *satiat te, eripe me* (113-114).

chantent sur les mêmes formules que les psaumes, sauf la différence que nous venons de mentionner. Aux fêtes doubles, leur psalmodie prend des formes plus riches, qui nécessitent quelques observations particulières.

INTONATION SOLENNELLE DES CANTIQUES ÉVANGÉLIQUES.

165. La médiation solennelle des cantiques évangéliques ne diffère pas de celle des psaumes dans les IIIe, IVe, V^e, VIe et VIIe modes. Dans le Ier, le IIe et le VIIIe, elle prend cinq syllabes.

MÉDIATION SOLENNELLE.

IIe et VIIIe m.

(*Magnif.*) Exultá- vit spí- ri- tus me- us.
progéni- e in pro- gé- ni- es.
poténtiam in brá- chi- o su- o.
Isra- el pú- e- rum su- um.
(*Benedict.*). Dómi- nus De- us Is- ra- el.
cum pá- tri- bus no- stris.
no- stró- rum li- be- rá- ti.
Al- tís- si- mi vo- cá- be- ris.

166. Les terminaisons sont les mêmes que celles des psaumes.

167. Dans toute lecture, dans les versets, dans la psalmodie, partout enfin où les livres n'indiquent pas les respirations, il faut veiller soigneusement à ne pas couper les paroles contrairement au sens. Ainsi, ne dites pas :

Deus, in adjutórium | meum intende.
Domine, ad adjuvandum | me festina.
Gloria Patri et | Filio.
Intellectus bonus omnibus | facientibus eum.
Laudatio ejus manet | in sæculum sæculi.

Dites :

Deus, in adjutorium meum | intende.
Domine, ad adjuvandum me | festina.
Gloria Patri | et Filio.
Intellectus bonus | omnibus facientibus eum.
Laudatio ejus | manet in sæculum sæculi.

HYMNES ET PROSES.

168. Beaucoup d'hymnes ne nécessitent pas pour leur exécution d'autres notions que celles qui ont été données précédemment. Ce sont celles dont le rhythme simple ou prosaïque a permis de les revêtir d'une mélodie qui ne diffère du chant ordinaire que par une symétrie plus parfaite entre les phrases mélodiques. Telles sont, entre autres, les hymnes du Saint-Sacrement.

RHYTHME SIMPLE.

169. D'autres hymnes empruntent à la musique la mesure *binaire* ou la mesure *ternaire*. Dans ces hymnes le rhythme musical répond au rhythme poétique. On peut encore les exécuter sans autres règles que celles qui sont déjà connues, et en donnant seulement aux notes et aux silences une mesure exacte. On peut aussi marquer le rhythme à la manière musicale : il n'y aura pas de différence pour l'effet.

170. La mesure binaire est remplie par deux doubles ou par quatre carrées, parmi lesquelles se rencontrent quelquefois deux brèves équivalant à une carrée (*). De

(*) En notation musicale, deux rondes ou quatre blanches, parmi lesquelles deux noires.

ce rhythme nous citerons tous les airs de l'hymne *Iste Confessor*. L'*Ut queant laxis* est aussi du rhythme binaire.

RHYTHME BINAIRE.

171. La mesure ternaire est remplie par trois carrées, ou par une double et une carrée (*). Les hymnes et proses ainsi rhythmées sont nombreuses : *Veni, sancte Spiritus; Creator alme siderum,* etc.

RHYTHME TERNAIRE.

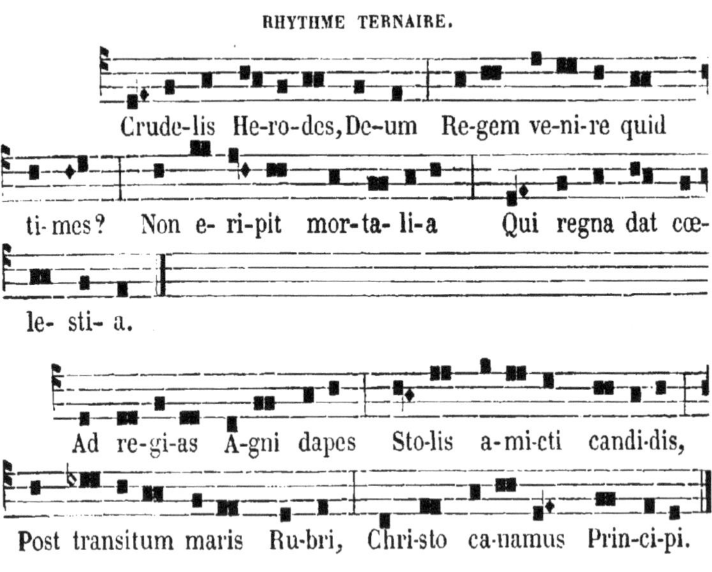

(*) En notation musicale, trois blanches, ou une ronde et une blanche.

ARTICLE III.

Règles du chœur.

172. *Règles générales.* — La beauté du chant d'Église résulte de l'ensemble avec lequel on l'exécute, et du mélange harmonieux de voix nombreuses et différemment timbrées (*).

173. Tous ceux qui chantent ensemble doivent donc s'entr'écouter et écouter encore plus attentivement celui qui dirige.

174. On doit généralement chanter à voix modérée, et ne déployer toute la puissance de son organe qu'en certains traits qui réclament cette expression. Encore ne faut-il le faire que graduellement, avec goût, et d'après les règles que nous avons données.

175. Les voix les plus puissantes sont loin d'être les plus expressives. Au lieu donc de chercher à écraser les autres, elles doivent mettre tout leur soin à se fondre avec elles et à ne pas troubler l'harmonie générale par de formidables explosions.

176. *Ton du chœur.* — Afin que les voix de timbres divers, voix d'hommes, graves ou aiguës, voix d'enfants, voix de femmes, puissent prendre part au chant, selon le vœu de l'Église, on doit adopter un ton moyen convenable à toutes ces voix. Ce ton moyen s'obtient en don-

(*) Lorsqu'on compose un chœur, au lieu d'appeler une ou deux voix exceptionnelles qui se font payer très-cher, il est mieux, d'après cela, de choisir un certain nombre de barytons et de ténors, plus faciles à trouver, et dont l'ensemble sera toujours plus agréable à entendre que le chant étourdissant d'un ou deux stentors.

nant aux dominantes de tous les modes le même son. Ce son doit être celui du *sol* ou celui du *la*. Ce dernier est à tous égards le plus convenable ; alors la dominante de chaque mode devient un *la* dans l'exécution.

177. Si l'on chante sans accompagnement, on demandera le *la* à un petit instrument nommé *diapason*, et qui donne précisément cette note : on aura ainsi la dominante du mode ; et comme les pièces de chant ne commencent jamais au-dessus de leur dominante, mais à cette dominante même ou au-dessous, on descendra par la pensée du *la* à la note initiale du morceau à entonner. De cette manière on se maintiendra toujours au ton moyen.

178. Les morceaux de l'office du matin ne se succédant pas sans interruption, sauf le *Graduel* et l'*Alleluia*, on a le temps de se préparer à prendre le ton convenable en employant le moyen que nous venons d'indiquer. Mais à Vêpres, et aux deux morceaux que nous venons de mentionner (*), où il faut passer sans interruption d'un mode à un autre, on fera bien de recourir au moyen suivant.

179. Remarquons d'abord que trois modes (Ier, IVe, VIe) ont pour dominante *la ;* 2° que trois autres ont pour dominante *ut* (IIIe, Ve, VIIIe) ; et 3° enfin, qu'un seul (IIe) a pour dominante *fa*, et un autre (VIIe) a pour dominante *ré*.

180. A la première antienne des Vêpres on prend le

(*) Le *Graduel* et l'*Alleluia* sont ordinairement choisis de manière que le passage de l'un à l'autre soit facile. Cependant il y a quelques exceptions, et il est bon d'être en mesure de vérifier soi-même l'intonation.

la du diapason. Ensuite, pour placer sur le *la* les dominantes des autres modes, on remonte *par la pensée* de la finale du mode que l'on quitte à la dominante de ce même mode; on donne, mentalement encore, à la dominante du mode qu'on va prendre le son de la dominante précédente; puis de là on descend, en observant bien les tons et les demi-tons, jusqu'à la première note de l'antienne que l'on doit commencer.

EXEMPLES.

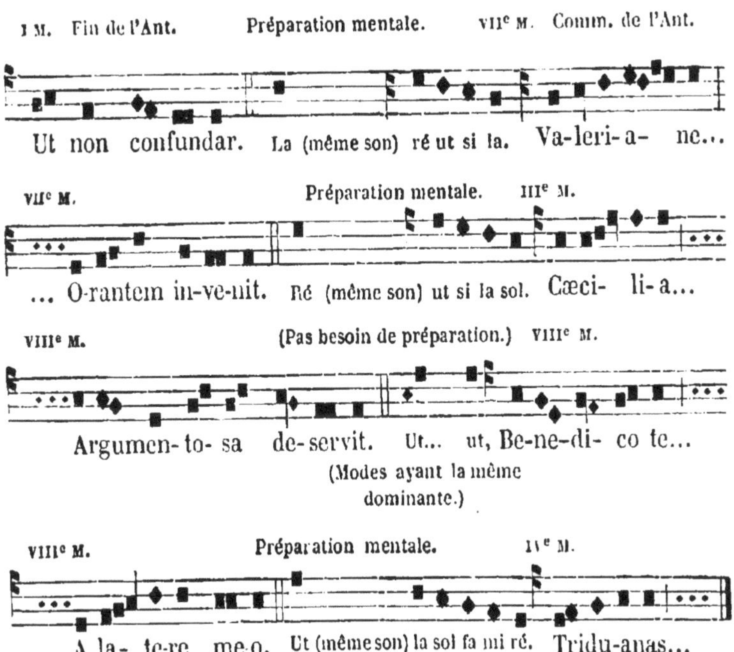

181. Ces exemples, empruntés aux Vêpres de sainte Cécile, nous ont mis sous les yeux la plupart des cas qui peuvent se présenter. On y voit la dominante changer de nom sans changer de son, demeurer sur le même degré, se retrouver sur elle-même et reprendre son

nom, en conservant toujours le son uniforme pendant toute la psalmodie (*).

182. *Règles particulières.* — Avant l'office, chacun doit prévoir ce qu'il a à faire, consulter l'*Ordo*, marquer dans son livre tout ce qui sera chanté, s'informer des choses dont il ne serait pas suffisamment instruit.

183. A l'office, on observera les règles générales. Si l'on chante à deux chœurs, chacun d'eux aura soin de ne partir que quand l'autre aura complétement achevé, et laissera même entre son attaque et la finale précédente un court instant de silence. A la finale du verset et à l'astérisque, le son ne sera pas prolongé en *queue*, ce qui détruirait l'effet du repos qui doit exister à ces deux endroits.

184. On fera bien d'établir dans chaque chœur un chef d'attaque, que tous ceux de son côté devront écouter et suivre.

185. Nul ne se permettra de chanter autre chose que l'unisson. On ne doit, excepté dans les faux-bourdons préparés, chanter ni répondre à la tierce, à la quarte, à la quinte, à l'octave. Cela est du plus mauvais effet.

186. *Maître de chœur.* — Dans tout chœur nombreux, un maître de chœur doit être chargé de la direction. Il n'est pas nécessaire qu'il ait de la voix ; mais il faut qu'il possède une connaissance approfondie du plain-chant et des règles liturgiques qui le concernent.

(*) Cette manière de demeurer sur la même teneur n'est praticable que par les voix. Si un instrument accompagne, il devra faire une transposition réelle en maintenant les demi-tons à leur place. Mais le chantre et l'accompagnateur, cherchant la dominante chacun à sa manière, se trouveront toujours d'accord. (Voir à la fin du livre un tableau des gammes naturelles avec leurs transpositions, à différentes dominantes.)

187. C'est lui qui veille à l'exécution de tout ce qui précède, instruit les chantres, les enfants de chœur, et même en certaines occasions le célébrant, de ce qu'ils ont à faire.

188. Au chœur, tous lui doivent une obéissance instantanée et absolue, sauf observations à la sacristie, après l'office.

189. Il doit avertir et même faire taire quiconque trouble le chœur en chantant faux, ou trop lentement, ou trop vite, ou en cherchant à faire prédominer sa voix sur celles des autres.

190. Il veille au maintien du ton du chœur.

191. Si quelque faute se commet, c'est au maître de chœur seul qu'il appartient d'y remédier. Mais il doit se bien garder de la rendre plus sensible en la corrigeant mal à propos. Il ne doit entreprendre de faire rentrer le chœur dans l'ordre, qu'au moment où il peut y réussir sans provoquer de cacophonie. En attendant, tous doivent avoir l'œil sur lui, pour le suivre et le seconder quand il le faudra.

192. Si c'est par le chef du chœur lui-même que la faute est commise, tous doivent le suivre et faire la faute avec lui. Mieux vaut une erreur adoptée franchement avec ensemble, et qui alors échappe au grand nombre des fidèles, qu'un redressement maladroit qui troublerait le chœur et scandaliserait les assistants.

Ce livre tout entier a été consacré à donner les instructions et les préceptes propres à former pour l'Église des chanteurs capables. Mais savoir et pratiquer tout ce qu'il enseigne n'est rien. C'est du moins assez peu de chose. Car, s'il est impossible à la piété d'exprimer ce qu'elle sent avec un organe non exercé, il est inutile à l'organe d'être devenu habile, s'il n'cst inspiré par le cœur. « C'est le cœur qui doit chanter plus encore que les » lèvres, dit Durand de Mende ; le vrai chantre est celui » dont les accents, en célébrant les louanges divines, » vont toucher l'âme de ceux qui l'écoutent, et les » entraîne à louer Dieu avec lui. »

Gloria laudis resonet in ore
Omnium Patri genitæque Proli;
Spiritui sancto pariter resultet
Laude perenni.

APPENDICE (*).

VERSETS.

Dimanches.

℣. Dirigátur, Dómine, ' orátio mea,
℟. Sicut incénsum ' in conspéctu tuo.

MÉMOIRES ORDINAIRES.

Temps pascal. — De la Croix.

℣. Dícite in natiónibus. ' Allelúia.
℟. Quia Dóminus regnávit a ligno. ' Allelúia.

MÉMOIRES PENDANT L'ANNÉE.

De la sainte Vierge.

℣. Ora pro nobis, ' sancta Dei Génitrix :
℟. Ut digni efficiámur ' promissiónibus Christi.

De l'Épiphanie à la Purification.

℣. Post partum ' Virgo invioláta permansísti.
℟. Dei Génitrix, ' intercéde pro nobis.

Des Apôtres.

℣. Constítues eos ' príncipes super omnem terram.
℟. Mémores erunt nóminis tui, Dómine.

De la Croix.

℣. Fiat pax in virtúte tua.
℟. Et abundántia ' in túrribus tuis.

(*) Nous réunissons ici les Versets dont on a le plus souvent besoin aux Vêpres des Dimanches. Une virgule marque l'endroit où il faut placer la respiration. — Nous donnons ensuite les Répons brefs de Tierce, Sexte et None pour les principales solennités. — Pendant le Temps pascal on ajoute *Alleluia* à tous les Versets. Le ℣. *Panem de cœlo* le prend en outre pendant l'Octave de la Fête-Dieu.

COMMUN DES SAINTS.

Des Apôtres. — 1res Vêpres.

℣. In omnem terram ' exívit sonus eórum.
℟. Et in fines orbis terræ ' verba eórum.

2es Vêpres.

℣. Annuntiavérunt ópera Dei.
℟. Et facta ejus ' intellexérunt.

Temps pascal. — 1res Vêpres.

℣. Sancti et justi, ' in Dómino gaudéte. Allelúia.
℟. Vos elégit Deus ' in hæreditátem sibi. Allelúia.

2es Vêpres.

℣. Pretiósa ' in conspéctu Dómini. Allelúia.
℟. Mors Sanctórum ejus. Allelúia.

D'un Martyr. — 1res Vêpres.

℣. Glória et honóre ' coronásti eum, Dómine.
℟. Et constituísti eum ' super ópera mánuum tuárum.

2es Vêpres.

℣. Justus ' ut palma florébit.
℟. Sicut cedrus Líbani ' multiplicábitur.

Pour un ou plusieurs Martyrs au Temps pascal : aux 1res Vêpres, Verset Sancti et justi; *aux 2es Vêpres,* ℣. Pretiosa, *ci-dessus.*

De plusieurs Martyrs. — 1res Vêpres.

℣. Lætámini in Dómino ' et exultáte, justi.
℟. Et gloriámini ' omnes recti corde.

2es Vêpres.

℣. Exultábunt Sancti in glória.
℟. Lætabúntur in cubílibus suis.

Des Confesseurs Pontifes et non Pontifes. — 1res Vêpres.

℣. Amávit eum Dóminus, ' et ornávit eum.
℟. Stolam glóriæ ' induit eum.

2es *Vêpres.*

℣. Justum dedúxit Dóminus ' per vias rectas.
℟. Et osténdit illi regnum Dei.

Des Vierges et des saintes Femmes. — 1res Vêpres.

℣. Spécie tua et pulchritúdine tua
℟. Inténde, próspere procéde ' et regna.

2es *Vêpres.*

℣. Diffúsa est grátia ' in lábiis tuis.
℟. Proptérea benedíxit te Deus ' in ætérnum.

Des fêtes de la sainte Vierge.

℣. Dignáre me laudáre te, ' Virgo sacráta.
℟. Da mihi virtútem ' contra hostes tuos.

PROPRE DU TEMPS.

Dimanches de l'Avent.

℣. Roráte, cœli, désuper, ' et nubes pluant justum.
℟. Aperiátur terra ' et gérminet Salvatórem.

Noël. — 1res Vêpres.

℣. Crástina die ' delébitur iníquitas terræ.
℟. Et regnábit super nos ' Salvátor mundi.

2es *Vêpres.*

℣. Notum fecit Dóminus. Allelúia.
℟. Salutáre suum. Allelúia.

Épiphanie.

℣. Reges Tharsis et ínsulæ ' múnera ófferent.
℟. Reges Arabum et Saba ' dona addúcent.

Dimanches de Carême.

℣. Angelis suis mandávit de te :
℟. Ut custódiant te ' in ómnibus viis tuis.

De la Passion et des Rameaux.

℣. Eripe me, Dómine, ' ab hómine malo.
℟. A viro iníquo ' éripe me.

De Quasimodo.

℣. Mane nobíscum, Dómine. Allelúia.
℟. Quóniam advesperáscit. Allelúia.

Ascension. — 1res Vêpres.

℣. Ascéndit Deus in jubilatióne. Allelúia.
℟. Et Dóminus in voce tubæ. Allelúia.

2es Vêpres.

℣. Dóminus in cœlo. Allelúia.
℟. Parávit sedem suam. Allelúia.

Pentecôte. — 1res Vêpres.

℣. Repléti sunt omnes * Spíritu sancto. Allelúia.
℟. Et cœpérunt loqui. Allelúia.

2es Vêpres.

℣. Loquebántur váriis linguis Apóstoli. Allelúia.
℟. Magnália Dei. Allelúia.

Trinité. — 1res Vêpres.

℣. Benedicámus Patrem et Fílium * cum sancto Spíritu.
℟. Laudémus et superexaltémus eum * in sæcula.

2es Vêpres.

℣. Benedíctus es, Dómine, * in firmaménto cœli.
℟. Et laudábilis et gloriósus in sæcula.

Fête-Dieu et au Salut.

℣. Panem de cœlo * præstitísti eis. (Allelúia.)
℟. Omne delectaméntum * in se habéntem. (Allelúia.)

RÉPONS BREFS.

NOEL (*).

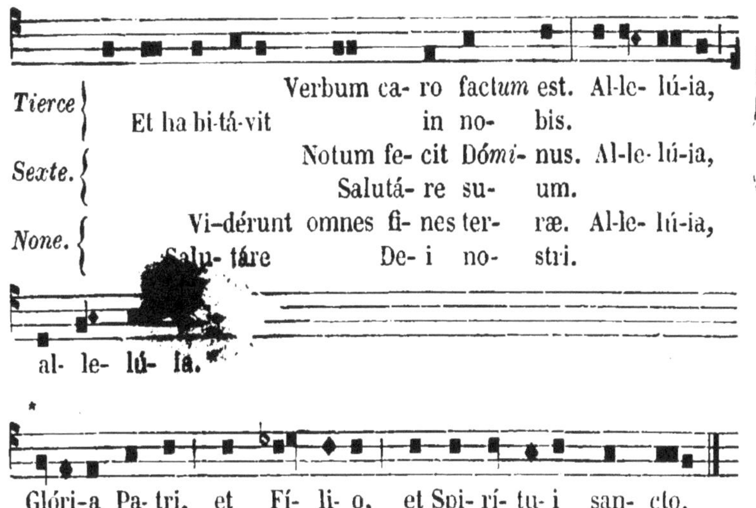

ASCENSION.

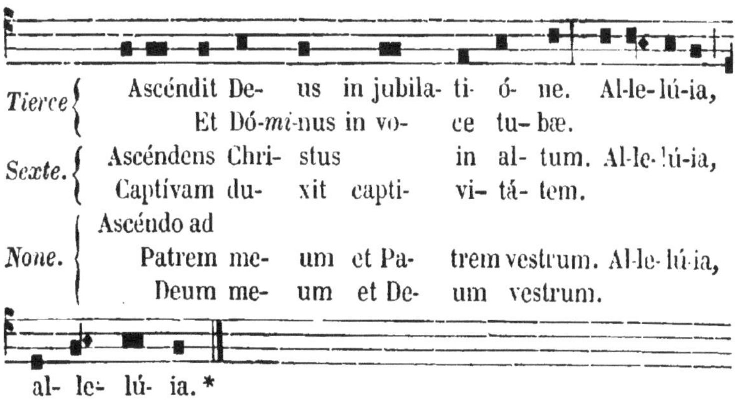

(*) Le premier Verset est dit par une ou deux voix jusqu'aux *Alleluia* inclusivement; le chœur le répète. — Les solistes disent le second Verset; le chœur reprend *Alleluia, alleluia.* — Les solistes chantent le *Gloria Patri*; le chœur reprend le premier Verset et termine par les *Alleluia.*

PENTECOTE.

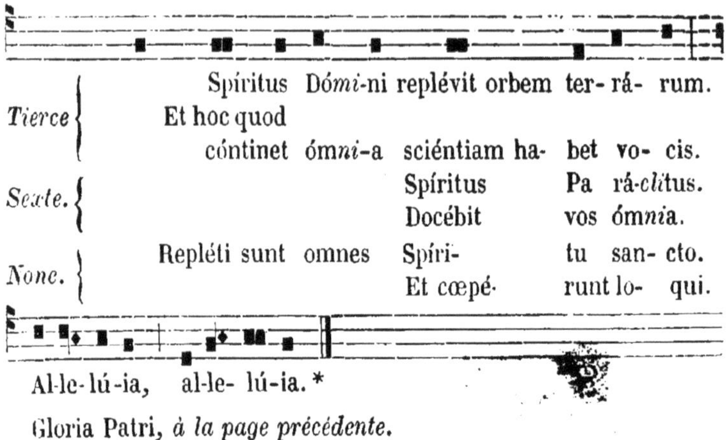

Gloria Patri, *à la page précédente.*

TRINITÉ (*).

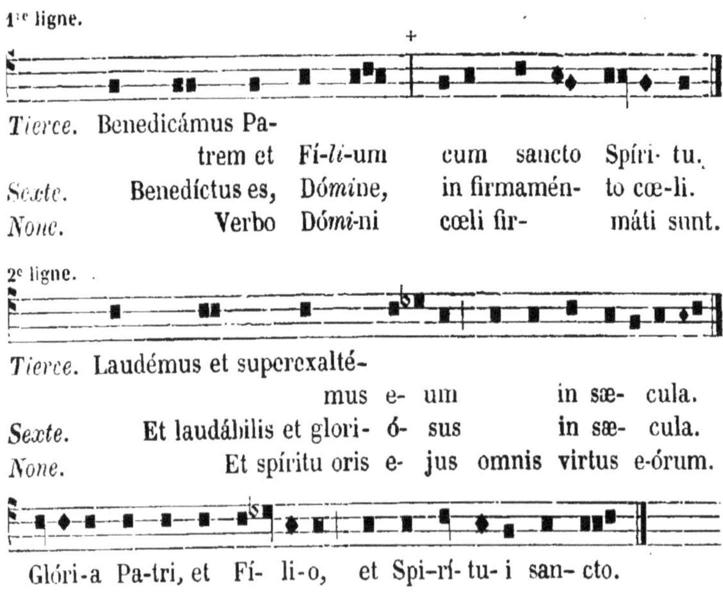

(*) Le premier Verset est dit par une ou deux voix; jusqu'à la double barre; le chœur le reprend en entier. — Les solistes disent le second Verset; le chœur reprend le premier depuis l'astérique jusqu'à la double barre. — Les solistes chantent le *Gloria Patri*; le chœur reprend et dit en entier le premier Verset.

TOUSSAINT.

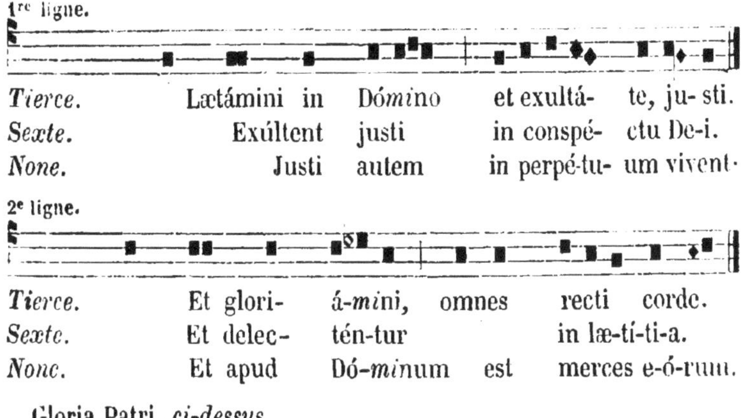

Gloria Patri, *ci-dessus.*

LE JEUDI SAINT.

En apportant les saintes Huiles.

Le chœur répète : O Redemptor.

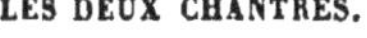

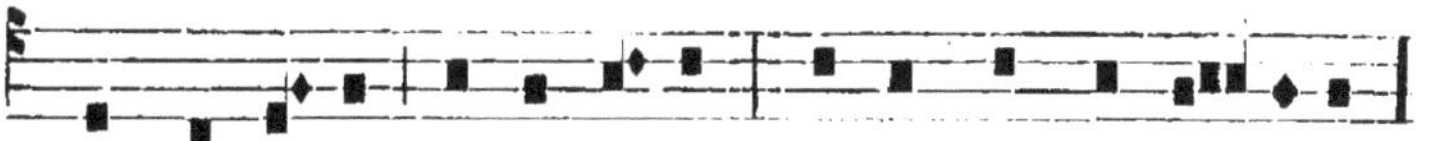

1. Au- di, judex mor-tu-o-rum, U- na spes mor-ta- lium;
2. Ar- bor fœ-ta al- ma lu- ce Hoc sa-cran-dum pro-tu-lit;
3. Stans ad a-ram im-mo supplex In- fu- la- tus pon-ti-fex.
4. Con- se- cra-re tu di-gna-re, Rex pe- ren- nis pa- tri-æ.

1. Au- di vo- ces pro- fe- ren-tum Do-num pa- cis prævium.
2. Fert hoc pro- na præ-sens tur- ba Sal-va- to- ri sæculi.
3. De- bi-tum per-sol- vit o- mne, Con- se- cra- to Chrismate.
4. Hoc o- li- vum, si-gnum vi-vum, Ju- ra con- tra dæmonum

Après chaque strophe, le chœur reprend : O Redemptor.

En reportant les saintes Huiles.

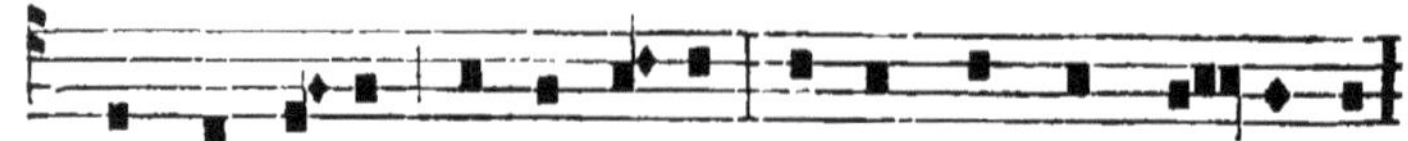

1. Ut no- vetur se-xus o-mnis Un–cti- o- ne Chrisma-tis,
2. Lo- ta mente sa-cro fon- te Au- fu- gan- tur cri- mi- na,
3. Cor–de na-tus ex pa-ren-tis Al-vum im-plens Vir- gi- nis,
4. Sit hæc di-es fe- sta no-bis Sæ- cu- lo- rum sæ- cu-lis;

1. Ut sa- ne- tur sau- ci- a- ta Di– gni- ta- tis glo–ri- a.
2. Un-cta fron-te sa- cro- san-cta In- flu- unt Cha-ri-smata.
3. Præsta lu-cem, clau-de mortem Chrisma-tis con-sor- tibus.
4. Sit sa- cra- ta di- gna lau- de, Nec se- ne- scat tempo-re.

Le chœur reprend à chaque strophe O Redemptor, *comme ci-dessus.*

Dans le tableau suivant, on a indiqué par des ligatures les demi-tons, afin qu'il soit plus facile de se convaincre qu'ils ont été, au moyen des accidents marqués à la clef, maintenus exactement à la même place que dans la gamme naturelle des différents modes. La dominante est marquée par une ronde.

On remarquera que l'usage de la dominante *sol* exige le moins d'accidents à la clef, et que celui de la dominante *la* dispense de transposer trois modes, le premier, le quatrième et le sixième.

TABLEAU DE TRANSPOSITION AUX TROIS DOMINANTES USITÉES.

GAMMES NATURELLES.	DOMINANTE *Sol.*	DOMINANTE *La.*	DOMINANTE *Si.*
1er Mode.		PAS DE TRANSPOSITION.	
2e mode.			
3e mode.			
4e mode.		PAS DE TRANSPOSITION.	
5e mode.			
6e mode.		PAS DE TRANSPOSITION.	
7e mode.			
8e mode.			

TERMINAISONS DE 4 SYLLABES. — DÉVIATION PAR ABAISSEMENT.

1er m., toutes les terminaisons ; IIIe m., 2e et 3e terminaison. VIIIe.

ante lucí-fe- rum gé- nu- i te.
órdi- nem Mel- chí- se- dech.
ti- mén- ti- bus e- um.
non com- mo- vé- bi- tur.
fruménti ti sá- ti- at te.
dili- gén- ti- bus te.

TERMINAISONS DE 5 SYLLABES. — DÉVIATION PAR ABAISSEMENT.

IVe m., 1re et 2e terminaison.

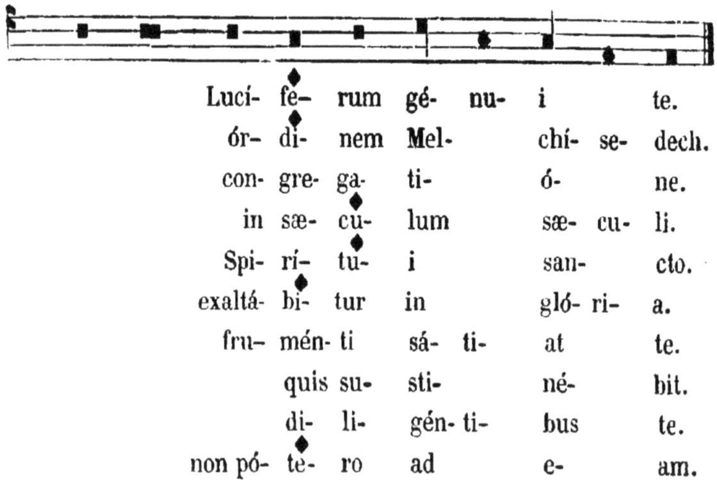

TERMINAISONS DE 3 SYLLABES. — DÉVIATION PAR ABAISSEMENT.

IIe m. ; IIIe m., 1re et 4e terminaison.

lucíferum gé- nu- i te.
Mel- chí- se- dech.
ti- mén- ti- bus se.
sá- ti- at te.
dili- gén- ti- bus te.

164. Le chant des cantiques évangéliques recommence à chaque verset par l'intonation. Ces cantiques, aux dimanches et fêtes simples ou semi-doubles, se

TABLE DES MATIÈRES.

PREMIÈRE PARTIE.

DEUXIÈME PARTIE.

TROISIÈME PARTIE.

APPENDICE.

PARIS. — TYP. ADRIEN LE CLERE, RUE CASSETTE, 29.

www.ingramcontent.com/pod-product-compliance
Ingram Content Group UK Ltd.
Pitfield, Milton Keynes, MK11 3LW, UK
UKHW021552260726
13993UKWH00002B/800

9 782329 294261